Claus Mikosch

Der kleine Buddha und das Wunder der Zeit

Claus Mikosch

Der kleine Buddha

und das Wunder der Zeit

HERDER

FREIBURG · BASEL · WIEN

„Es gibt Wichtigeres im Leben, als beständig dessen Geschwindigkeit zu erhöhen.“

Mahatma Gandhi

FSC www.fsc.org
MIX
Papier | Fördert gute Waldnutzung
FSC® C014496

www.herder.de

Einbandgestaltung: Tanja Geier, Nice Day Advertising
Cover: Buddha © Gert Albrecht, Rahmen: mystel/Shutterstock.com

Vignetten im Innenteil: www.shutterstock.com
Satz: Arnold & Domnick, Leipzig
Herstellung: GGP Media GmbH, Pößneck

Printed in Germany

ISBN 978-3-451-38585-8

Inhalt

Das Wunder der Zeit

Der kleine Buddha streckte seinen Arm aus, doch es reichte nicht. Er probierte es erneut, aber er bekam das ersehnte Objekt immer noch nicht zu fassen. Nur ein kleines Stückchen fehlte, um den rot-gelben Apfel greifen zu können; einige wenige Zentimeter trennten ihn vom großen Glück. Er zögerte kurz – sollte er einen letzten Versuch wagen? Es musste doch zu schaffen sein, schließlich hatte er es bei allen anderen schwierig hängenden Äpfeln auch geschafft. Er holte tief Luft, griff mit der linken Hand fest um das Ende der Leiter und warf seine rechte Hand mit Schwung dem Ziel seiner Begierde entgegen. Dann ging alles blitzschnell: Seine Finger berührten den Apfel und der kleine Buddha stieß einen Freudenschrei aus. Doch dieses Mal hatte er nicht zu wenig, sondern zu viel Schwung genommen und dadurch die Leiter ins Kippen gebracht. Er segelte an dem Apfel vorbei und konnte sich gerade noch an einem dicken Ast festhalten, bevor die Leiter zu Boden sauste und mit einem dumpfen Knall knapp vier Meter unter ihm aufschlug. Dort hing er nun, hoch oben im Baum gefangen und der mögliche Tod direkt zu seinen Füßen – das große Glück hatte er sich anders vorgestellt.

„Hilfe!"

Er drehte den Kopf hin und her, mit einem leicht panischen Blick, und versuchte, seinen Freund, den Gärtner, zu erspähen.

„Hilfe!", rief er abermals. Seinen kleinen Händen fiel es immer schwerer, den dicken Ast zu umklammern. Dann sah er ihn plötzlich: Der Gärtner hatte ihn gehört und kam mit schnellen Schritten auf den Baum zu. Für den kleinen Buddha allerdings nicht schnell genug.

„Beeil dich, ich kann mich nicht mehr lange halten!"

Es schien ewig zu dauern und er fürchtete, seine Rettung könnte womöglich zu spät kommen. Jeder Moment zog sich unendlich in die Länge und dabei wurde der kleine Buddha immer verzweifelter. Mit letzter Kraft krallte er sich am Ast fest und hoffte, seine Finger würden ihn nicht im Stich lassen. Dann war der Gärtner endlich da, richtete die Leiter auf und erlöste ihn von seinen Qualen.

„Danke!", sagte der kleine Buddha, als er wieder heil am Boden angekommen war. Er ließ seinen Blick zu dem Ast wandern, an dem er noch vor wenigen Augenblicken gebaumelt hatte. „Ich habe wirklich Angst bekommen. Aus solcher Höhe herunterzufallen, da hätte ich mir leicht das Genick brechen können. Und selbst wenn nicht, gesund wäre es bestimmt nicht gewesen."

„Nein, nicht wirklich", entgegnete sein Freund mit einem Schmunzeln. „Aber es ist ja nochmal gut gegangen. Pass in Zukunft aber bitte besser auf."

Während der Gärtner wieder zwischen den anderen Bäumen verschwand, setzte sich der kleine Buddha langsam hin und lehnte sich mit dem Rücken gegen den großen Stamm. Ein erleichtertes Lächeln flog über sein Gesicht – wegen einem einzelnen Apfel zu sterben, das wäre richtig blöd gewesen.

In Gedanken ging er noch einmal die brenzlige Situation durch. Er wusste, dass der Gärtner sogleich zu ihm geeilt war, trotzdem war er erstaunt, wie lange ihm die Zeit des bangen Wartens vorgekommen war. Als hätte jemand sein Leiden absichtlich verlängern wollen.

Er blickte um sich, sah die Apfelbäume, den Gemüsegarten und die kleine Hütte. Den ganzen Sommer hatte er bei seinem alten Freund verbracht und ihm bei der Gartenarbeit geholfen. Gemeinsam hatten sie das Landleben genossen, hatten gepflanzt, gegossen und geerntet und dabei ganz viel gelacht. Nun war auf einmal der Herbst da und der kleine Buddha fragte sich, wie es sein konnte, dass all die schönen Tage so schnell in der Vergangenheit verschwunden waren. Es fühlte sich an, als wäre er erst vor einer Woche angekommen, dabei dauerte sein Aufenthalt schon mehrere Monate. Und war es nicht sogar das Gleiche mit dem ganzen Leben? All die vielen Jahre waren plötzlich nur noch ferne Erinnerungen und jeder weitere gelebte Moment katapultierte ihn gnadenlos dem Ende entgegen. Ihm wurde fast schwindelig, wenn er daran dachte, wie er durch die Zeit raste. Schon wieder war ein Sommer vorbei, schon wieder nahte der Winter. Jedes Jahr schien alles immer schneller vorbeizugehen! Zumindest die guten Zeiten – schlechte Momente, wie das unfreiwillige Baumeln an einem hohen Ast, waren weiterhin harte Geduldsproben.

Warum war das so? Warum konnte er nicht die guten Zeiten langsamer machen und die schlechten beschleunigen? Wie wunderbar wäre es, wenn er besondere Momente kurz anhalten und jegliches Leiden einfach überspringen könnte. Wenn er die Zeit kontrollieren könnte, anstatt ihr hilflos ausgesetzt zu sein. Und dann war da natürlich noch eine andere Frage: Zeit, was ist das überhaupt? Niemand kann sie hören, riechen, sehen oder anfassen. Ist es ein Gefühl, wie die Liebe? Oder ein Gedanke, der versucht, etwas zu beschreiben, das es gar nicht gibt?

Der kleine Buddha merkte, wie Neugierde in ihm aufstieg. So viele Antworten, die es zu entdecken galt! Er hatte eigentlich vorgehabt, noch vor dem Winter nach Hause zu seinem großen alten Bodhi-Baum zurückzukehren, aber diese andere Möglichkeit, die sich plötzlich dazwischen geschoben hatte, strahlte ihn nun mit einladenden Augen an. Aufzubrechen ins Unbekannte und herauszufinden, welche Wunder die Zeit für ihn bereithielt – wie konnte er diese Gelegenheit ungenutzt lassen? Die Versuchung, seinen ursprünglichen Plan zu ändern, wurde jedenfalls mit jedem Augenschlag stärker. Und was sprach schon dagegen? Dann würde er eben etwas später nach Hause kommen.

Er überlegte noch eine Weile, aber tief im Inneren hatte er sich längst entschieden. Sein Bauch begann zu kribbeln und sein Herz frohlockte. Eine neue Reise stand bevor!

Doch bevor es soweit war, musste er zuerst seine bereits angefangene Arbeit beenden. Fünf prall gefüllte Apfelbäume warteten noch darauf, abgeerntet zu werden. Er erhob sich, nahm die Leiter und den großen Korb und ging zum nächsten Baum. Und während er pflückte und die Sprossen hoch und runter stieg, breitete sich in seinem Gesicht ein zufriedenes Lächeln aus. Es war das Lächeln der Freiheit.

Noch am selben Abend erzählte der kleine Buddha dem Gärtner von seinem Vorhaben.

„Ich will losziehen und die Zeit erkunden!"

„Eine großartige Idee", sagte der Gärtner sogleich. „Du hast recht, von Jahr zu Jahr scheint sich das Leben immer mehr zu beschleunigen. Vielleicht findest du ja heraus, ob sich die Zeit irgendwie verlangsamen lässt. Wenn es tatsächlich möglich ist, dann musst du unbedingt zurückkommen und mir davon berichten."

Der kleine Buddha nickte. Er freute sich bereits auf ein erneutes Wiedersehen mit dem Gärtner. Doch noch viel mehr freute er sich auf all die Erfahrungen und Begegnungen, die er bis dahin erleben würde. Auf all die Momente, die sehnsüchtig auf ihn warteten.

Drei Tage später war er bereit, sich von seinem langjährigen Freund zu verabschieden. Er hatte alle Äpfel von den Bäumen gepflückt, seinen orangefarbenen Umhang gewaschen und etwas Proviant und eine Decke in seine alte Umhängetasche gepackt. Mehr gab es nicht zu tun.

Er umarmte den Gärtner, drehte sich um und begann seine vierte Reise.

Der humpelnde Förster

Es war ein herrlicher Morgen! Die goldbraunen Felder waren mit Herbsttau bedeckt und die aufgehende Sonne füllte den Himmel mit warmen Farben. Leichten Schrittes spazierte der kleine Buddha auf einem schmalen Pfad vom Grundstück des Gärtners zur ersten Kreuzung. Einige Vögel flogen an ihm vorbei und begrüßten den neuen Tag mit fröhlichem Gesang; in der Ferne zogen wunderschöne, rosa schimmernde Wolken entlang. Eine sanfte Brise strich über sein Gesicht und wehte ihm vom nahegelegenen Wald den Duft von fallenden Blättern und sprießenden Pilzen in die Nase. Das ganze Land befand sich im Wandel – nicht so explosiv wie im Frühling, aber genau so unaufhaltsam.

Er fragte sich, ob es so etwas wie einen perfekten Zeitpunkt zum Aufbrechen gibt. Einen perfekten Moment, der den Reisenden mühelos in die Welt hinausträgt. Wenn ja, dann erlebte der kleine Buddha an diesem Morgen genau so einen Moment. Mit tiefen Atemzügen ließ er die frische Luft durch seinen Körper wandern und freute sich, wieder unterwegs zu sein.

Wie bei allen seinen Reisen hatte er auch dieses Mal kein klares Ziel vor Augen. ‚Bestimmt kann ich überall etwas über die Zeit lernen', dachte er. Das einzige, was er tun musste, war, zu vertrauen. Hineinzuspringen ins Unbekannte und sich vom Leben führen zu lassen.

Als er wenig später die Kreuzung erreichte, blieb er stehen und begutachtete seine Möglichkeiten. Nach rechts ging es zum Meer, nach links zu seinem Bodhi-Baum und geradeaus direkt in den großen Wald hinein. Alle drei Wege kannte er bereits. Er schaute mehrmals hin und her und überlegte. Dann sah er plötzlich eine weitere Möglichkeit: ein kleiner Pfad, der nach einigen Metern vom mittleren Pfad abzweigte. Da der kleine Buddha ein leidenschaftlicher Liebhaber von neuen Wegen war, musste er nicht länger nachdenken: Er ging geradeaus weiter und bog kurz darauf nach halbrechts ab.

Ungefähr eine Stunde später hatte er den Waldrand erreicht. Der Pfad führte allerdings nicht in den Wald hinein, sondern an der Südflanke entlang in Richtung Osten. Dem kleinen Buddha war das nur recht und so spazierte er den ganzen restlichen Tag weiter, die undurchdringbar scheinenden Laub- und Nadelbäume zu seiner Linken und die offenen Felder zu seiner Rechten.

Am späten Nachmittag, als sich die Sonne bereits dem Horizont näherte, kam er an einer alten Scheune vorbei. Sie war zu einer Seite offen und fast bis zur Decke mit Strohballen gefüllt. Glücklicherweise gab es jedoch eine freie Ecke, die der kleine Buddha als Schlafplatz nutzen konnte. Er setzte sich draußen vor der Scheune auf seine Decke, aß etwas von seinem Proviant und schaute dabei dem Sonnenuntergang zu. Dann ging er nach drinnen, breitete sich auf einem flachen Strohballen aus und schlief kurz darauf erschöpft, aber glücklich ein.

Sein Traum begann ebenfalls glücklich. Er war zurück im Obstgarten und pflückte die schönsten Äpfel vom Baum. Jeder einzelne war ein richtiges Prachtexemplar. Dann sah er auf einmal einen, der sogar noch prächtiger war als alle anderen. Der König aller Äpfel! Der kleine Buddha beobachtete sich im Traum, wie er hoch oben auf der Leiter Schwung holte. Er rief sich zu, es nicht zu tun, doch es war zu spät: Er segelte an Apfel und Ast vorbei und raste laut schreiend im freien Fall dem Boden entgegen. Bang! Er zuckte zusammen, fuhr hoch und riss die Augen auf. Mit Schweißperlen auf der Stirn schaute er nach draußen – es war noch mitten in der Nacht. Er nahm einen Schluck Wasser aus seiner Flasche, starrte einen Moment ins schwarze Nichts und legte sich dann wieder hin. Schon komisch, dachte er. Manchmal ist es ein einziger, winziger Augenblick, der entscheidet, in welche Richtung das Leben verläuft.

Am nächsten Morgen war es noch nicht richtig hell, da hatte sich der kleine Buddha schon wieder auf den Weg gemacht. Er war früh aufgewacht und hatte dabei eine unangenehme, innere Unruhe verspürt. Als müsste er sich aus irgendeinem Grund beeilen, damit er nicht zu spät kommt. Wahrscheinlich war es wegen des Traums, dachte er zuerst. Doch das Gefühl hielt an und war immer noch da, als er nach einigen Kilometern eine Pause einlegen wollte.

Er blieb an einem kleinen Bach stehen und füllte seine Flasche auf. Sein Blick fiel auf die einladende Wiese direkt neben ihm und dazu hörte er das friedliche Plätschern des Wassers – eigentlich war es ein idealer Ort, um sich etwas auszuruhen und vielleicht auch eine Weile in Stille zu sitzen und zu meditieren. Aber der kleine Buddha wurde diese Unruhe, die er seit dem Morgengrauen mit sich herumtrug, einfach nicht los. Vielleicht waren es auch seine Gedanken an die rasant vergehende Zeit, die die innere Hast befeuert hatten. Was auch immer der Grund war, er musste weiter.

Der Pfad führte nach wie vor am Waldrand entlang. Ein leichter Wind wehte und hoch über ihm zogen die Wolken durch die klare Herbstluft. Eine Weile marschierte er ungeduldig einem unbekannten Ziel entgegen, ohne dass etwas Besonderes passierte. Dann tauchte auf einmal ein wackelnder Punkt am Horizont auf, dort, wo der Weg den Himmel berührte. Mit jedem Schritt kam der kleine Buddha etwas näher und schließlich erkannte er, dass es sich bei dem wackelnden Punkt um einen älteren, humpelnden Mann handelte. Er bewegte sich in dieselbe Richtung wie der kleine Buddha, kam aber nur langsam voran.

Es dauerte nicht lange, da hatte er ihn eingeholt.

„Hallo!", sagte der kleine Buddha und passte sein Tempo dem des alten Mannes an, um neben ihm hergehen zu können.

„Guten Tag junger Freund!", antwortete der Mann mit tiefer Stimme.

Der kleine Buddha lächelte. Es war ein viel versprechender Anfang, dass er von einem Fremden als Freund begrüßt wurde.

„Wo gehst du hin?“, erkundigte sich der Mann.

„Ich weiß nicht. Ich gehe einfach geradeaus. Und du?“

„Ich bin auf dem Weg nach Hause. Drei Tage war ich im Wald und jetzt freue ich mich auf meine Familie.“

„Was hast du denn drei Tage im Wald gemacht?“, wollte der kleine Buddha sogleich wissen, neugierig wie er war.

„Ich bin Förster und habe gearbeitet.“

Der kleine Buddha zögerte einen Moment. Er hatte schon einige Male von diesem Beruf gehört, wusste allerdings nichts Genaueres.

„Was muss ein Förster denn alles machen?“

Nun war es der Mann, der lächelte. Es passierte nicht oft, dass ihn jemand über seine Arbeit befragte. Während sie zusammen an den weiten Feldern vorbeispazierten, erzählte er ihm also stolz von seinen verschiedenen Aufgaben.

„In erster Linie kümmere ich mich um die Bewohner des Waldes, die Bäume. Wenn ein Baum krank ist, pflege ich ihn; wenn er anderen Bäumen zu viel Licht wegnimmt, beschneide ich ihn; und wenn ein alter Baum stirbt, pflanze ich einen neuen. Der Wald könnte diese Arbeiten natürlich auch ohne mich vollbringen, aber trotzdem freut er sich, wenn ich ihm ein bisschen helfe. Als Dank gibt er mir das Holz, das er selbst nicht braucht.

Dieses verkaufe ich dann an Leute, die daraus Brennholz gewinnen, Möbel oder Instrumente herstellen oder Häuser bauen."

Der kleine Buddha wusste aus eigener Erfahrung, dass es zwei Tage dauert, um den ganzen Wald zu durchqueren. Das war also eine Menge Holz, die da herumstand.

„Dann musst du aber ganz schön reich sein, bei so vielen Bäumen."

Der Förster lachte.

„Mir geht es gut, aber reich bin ich nicht. Ich teile mir die Arbeit ja mit vielen anderen Förstern. Jeder von uns ist für einen Abschnitt des Waldes verantwortlich. Neben der Holzernte gibt es schließlich noch viele andere Dinge zu tun, alleine würde ich das gar nicht schaffen. Ich muss die Wege instand halten, ich muss dafür sorgen, dass die Jäger nicht zu viele und nicht zu wenige Tiere erlegen, und ich muss auch aufpassen, dass die Holzfäller nicht die falschen Bäume fällen."

„Und woher weißt du, welcher Baum richtig und welcher falsch ist?"

„Da gibt es verschiedene Kriterien. Ein junger Baum sollte zum Beispiel immer in Ruhe gelassen werden, es sei denn, er ist schwer krank. Ein alter Baum sollte nur gefällt werden, wenn er nachwachsenden Bäumen keinen Platz gibt. Oder wenn er so alt ist, dass der Sterbeprozess bereits eingesetzt hat. Manchmal ist es daher gar nicht so einfach, den richtigen Baum zu finden. Und je nachdem, wofür das Holz benutzt wird, müssen es auch ganz bestimmte Bäume sein. Die letzten Tage habe ich zum Beispiel nach zwei Eichen gesucht, die ein Zimmermann bei mir bestellt hat. Sie sollten gesund, alt und ruhig gewachsen sein, da dieses Holz am Besten für den Hausbau geeignet ist. Die erste habe ich direkt am Anfang gefunden, die zweite aber erst heute Morgen."

„Hast du sie schon abgesägt?"

„Nein, die Stämme sind so dick, dafür braucht es mindestens zwei, wenn nicht sogar drei starke Holzfäller. Nur die kleineren Bäume können von einer Person alleine gefällt werden."

Nachdenklich blickte der kleine Buddha zum Waldrand. Er versuchte sich vorzustellen, wie es wäre, wenn er mit einer Säge in der Hand durch einen Stamm schneiden würde.

„Bist du nicht traurig, wenn du einen Baum tötest?"

Der Förster stutzte. Eine solche Frage hatte er nicht erwartet. Berechtigt war sie jedoch allemal.

„Ja, ich bin traurig, aber auch glücklich. Es ist ein merkwürdiges Gefühl: Auf der einen Seite freue ich mich, weil jeder gefällte Baum hilft, meine Familie zu ernähren; auf der anderen Seite ist es in der Tat schmerzhaft, das Leben eines Baumes zu beenden. Im Laufe der Jahre sind viele von ihnen gute Freunde geworden – und wer bringt schon gerne gute Freunde um?"

Er warf dem kleinen Buddha ein Augenzwinkern zu.

„Letzten Endes ist es aber der Kreislauf des Lebens: Ein Baum wächst, dann wird sein Holz zu Humus oder

Asche und schließlich wächst aus der neuen Erde ein neuer Baum. Bei uns Menschen ist es ähnlich – nur haben wir nicht die Chance, uns zwischendurch in ein schönes Möbelstück oder in ein schützendes Haus zu verwandeln."

Der Weg wurde etwas hügeliger und jeder noch so leichte Anstieg wurde für den Förster zu einer Herausforderung. Sein steifes Bein ließ nur sehr kleine Schritte zu und dadurch kam er nur äußerst langsam und mühselig voran.

„Früher habe ich viele Bäume gefällt, aber mittlerweile bin ich dafür zu schwach. Ich habe nicht mehr die Kraft für solch schwere Arbeit."

Der kleine Buddha schaute seitlich an ihm herunter.

„Und nein, mein lahmes Bein ist auch nicht besonders hilfreich", fügte der Förster hinzu.

„Was ist denn mit deinem Bein passiert? Warum humpelst du?"

Schon die ganze Zeit hatte der kleine Buddha diese Frage stellen wollen. Der Förster schüttelte allerdings den Kopf.

„Wenn ich daran denke, werde ich ganz niedergeschlagen. Lass uns lieber später darüber sprechen und jetzt erst einmal eine Pause machen. Hast du Hunger?"

Der kleine Buddha nickte, auch wenn er die Antwort auf seine Frage am liebsten sofort gehört hätte.

„Da vorne kommen wir gleich an meiner Vorratskammer vorbei."

„An deiner Vorratskammer?"

Der kleine Buddha sah nur den hügeligen Weg vor sich, links Bäume und rechts Felder. Dann bog der Förster plötzlich ab und verließ den Pfad in Richtung Wald. Der kleine Buddha folgte ihm und nach wenigen Metern hatten sie die erste Baumreihe erreicht. Dort entdeckte er die Vorratskammer – es war eine kleine Holzkiste, die am Stamm einer großen Kiefer hing. Der Förster ging hinüber, klappte den Deckel auf und nahm ein Stoffbündel heraus. Als er es öffnete, bekam der kleine Buddha große Augen, denn zum Vorschein kamen ein knuspriger Brotlaib und ein volles Glas Honig! Der kleine Buddha erinnerte sich sofort an den stummen Imker in den Bergen, den er auf einer seiner vorherigen Reisen kennengelernt hatte. Wenn der Honig des Försters nur halb so gut schmecken würde, wie der des stummen Imkers, würde es eine köstliche Mahlzeit werden.

Sie setzten sich auf einen alten, umgefallenen Baumstamm, teilten das Brot untereinander auf und begannen, kleine Stücke in das Honigglas zu tunken. Schon beim ersten Bissen wusste der kleine Buddha, dass er sich nicht zu viel erhofft hatte: Das süße Gold füllte seinen Mund und löste wahre Jubelstürme in seinem Gaumen aus.

„Gut, nicht?", sagte der Förster.

„Besser geht's nicht!", gab der kleine Buddha schmatzend von sich.

Beide aßen genüsslich weiter und währenddessen verschwanden alle ihre Gedanken und Sorgen. Für einige

Momente existierte nur das Honigbrot, nur dieser wundervolle, himmlische Geschmack.

Nachdem sie die letzten Krümel verspeist hatten, blieben sie noch für eine kurze Verdauungspause sitzen und starrten dabei demütig auf das halbleere Glas. Dann machten sie sich wieder auf den Weg. Der kleine Buddha marschierte zügig los, doch schon nach wenigen Metern merkte er, dass der humpelnde Förster nicht mithalten konnte. Sogleich verringerte er wieder sein Schritttempo.

Eine ganze Weile gingen sie schweigend nebeneinander her und widmeten sich den Gedanken, die nach und nach in ihre Köpfe zurückkehrten. Einer dieser Gedanken war es schließlich, der das Schweigen brach.

„Du wolltest mir doch sagen, was mit deinem Bein passiert ist."

„Ja, daran habe ich auch gerade gedacht", seufzte der Förster. „Das Frustrierende ist, dass eigentlich gar nichts passiert ist! Mir ist weder ein Baum aufs Bein gefallen noch hatte ich eine schwere Krankheit. Es ist einfach das Alter."

Bedrückt ließ er die Schultern sacken, während er sich humpelnd voranschleppte.

„Und wann hast du das erste Mal gemerkt, dass dein Bein nicht mehr richtig funktioniert?"

„Das weiß ich gar nicht mehr genau. Es hat sich nach und nach verschlechtert, aber so steif wie jetzt ist es bestimmt schon einige Jahre." Wieder seufzte er. „Leider ist es nicht nur das Bein, was mir zu schaffen macht. Oft fehlt mir die Kraft, um den ganzen Tag im Wald zu sein, meine Augen verlieren an Sehstärke und mein Rücken wird auch immer krummer. Glaube mir, wenn ich noch einmal jung sein könnte, ich würde fast alles dafür geben."

„Kann dir denn niemand helfen?"

„Nein, ich fürchte nicht. Ich habe schon viele Heiler aufgesucht und manche können meine Schmerzen etwas lindern, aber niemand kann mich wieder jung machen. Sie haben mir alle dasselbe gesagt: Ob ich will oder nicht, die Zeit verändert meinen Körper. Das einzige, was ich tun kann, ist, mich anzupassen und langsamer zu werden."

„Ist das denn schlimm?", wunderte sich der kleine Buddha.

„Nein, schlimm ist es nicht. Aber wenn ich ehrlich bin, fällt es mir verdammt schwer. Oft denke ich an früher, als ich über die Felder gerannt und auf Bäume geklettert bin. Manchmal war ich wochenlang im Wald, ohne auch nur einen Tag müde zu sein. Heute kann ich all das nicht mehr machen."

Er schaute traurig zu seinem Weggefährten und bekam einen mitfühlenden Blick zurück. Der kleine Buddha stellte sich vor, wie es wäre, wenn er eines Tages zu alt sein würde, um auf Reisen zu gehen. Er würde es auch vermissen und wahrscheinlich genau so wie der Förster in Erinnerungen schwelgen.

„Jedes Mal, wenn ich jüngere Förster sehe, wie sie mühelos die schwersten Arbeiten verrichten, werde ich ganz neidisch", fuhr der Mann fort. „Dann kommen nostalgische Gefühle in mir auf und mir wird bewusst, dass ich mich immer mehr auf den Tod zubewege. In solchen Momenten wünschte ich, dass ich in die Vergangenheit reisen könnte, anstatt jeden Tag älter und gebrechlicher zu werden. Es ist wirklich grausam!"

Eine seltsame Schwere umgab den Mann, als wären seine Erinnerungen wie dicke Eisenketten, die ihn daran hinderten, die Gegenwart zu umarmen. Dabei war genau das so wichtig, fand der kleine Buddha. Denn auch wenn die Gegenwart nicht immer lustig ist, so hält sie doch oft genug kleine und große Schätze bereit, die das Leben lebenswert machen.

„Vielleicht musst du die Vergangenheit loslassen, um frei im Hier und Jetzt sein zu können. Oder versuche wenigstens, nicht ständig an ihr zu klammern. Du kannst ja ab und zu mit Freude an vergangene Tage denken, aber eben nicht die ganze Zeit."

Der Förster begann zu schmunzeln.

„Keine Angst, das mache ich auch nicht. Ich liebe das Leben, sehr sogar. Doch gerade deswegen tut es weh, zu sehen, wie es mir langsam, aber sicher entrinnt." Nachdenklich fuhr er sich durch die grauen Haare. „Glaube mir, alt zu werden ist einfach lästig. Die Veränderung selbst ist noch nicht einmal das Problem, sondern die Geschwindigkeit, mit der sie vonstattengeht. Und das schlimmste ist: Je älter du wirst, desto schneller scheint alles zu vergehen."

„Ja, das ist mir auch schon aufgefallen", sagte der kleine Buddha. „Warum ist das so?"

„Ich weiß es nicht", antwortete der Förster. „Aber wenn es so weitergeht, werden sich meine letzten Jahre wahrscheinlich wie ein paar Wochen anfühlen."

Er schüttelte resigniert den Kopf.

„Also: Freue dich, wenn dein Rücken nicht schmerzt und du auch in der Ferne alles gut erkennen kannst. Ewig wird es nicht andauern."

Der kleine Buddha dachte einen Moment über den Ratschlag des Mannes nach. Nein, nichts dauert ewig an.

„Aber stell dir vor, ich wäre zwanzig Jahre älter als du", sagte er. „Fast blind und ans Bett gefesselt, dem Tod bereits ganz nah. Wahrscheinlich würde ich dir den gleichen Rat geben. Ich würde dir sagen, dass du dich freuen sollst, wenn deine Augen noch zum Lesen taugen und deine Beine dich noch tragen."

Kaum hatte der kleine Buddha das letzte Wort gesprochen, löste sich die Schwere, die den Förster bis gerade umgeben hatte, wie durch einen Zauber auf. Großväterlich legte der Mann den Arm um seinen jungen Begleiter.

„Ich glaube, das war genau das, was ich gerade hören musste. Du hast völlig recht: Wir vergessen so leicht, dankbar zu sein und wertzuschätzen, was wir haben. Egal, wie alt wir sind, es passiert immer wieder." Er hielt kurz inne. „Und weil es immer wieder passiert, muss uns auch immer wieder jemand darauf hinweisen. So wie du das gerade bei mir gemacht hast. Danke dafür!"

Der kleine Buddha lächelte zufrieden. Er freute sich, wenn er einem anderen Menschen Hilfe anbieten konnte. Und noch viel mehr freute er sich, wenn der andere Mensch diese Hilfe auch annahm.

Gemeinsam spazierten sie den ganzen Nachmittag den Weg entlang. Erst schwiegen sie eine Zeit lang und lauschten den Klängen der Natur, dem Wind, den Vögeln und ihrem eigenen Atem. Später erzählten sie sich Geschichten aus ihrem Leben, von Reisen und Wäldern und besonderen Momenten. Und dann, als sie wieder in Stille verfallen waren, merkte der kleine Buddha plötzlich, dass seine innere Unruhe fast vollständig verflogen war.

‚Vielleicht musste ich mich beeilen, damit ich den Förster einhole', dachte er. ‚Um ihm zu helfen.' Oder vielleicht hatten sie zueinander gefunden, um sich gegenseitig zu helfen. Ein heilender Austausch zwischen zwei Freunden, die noch vor kurzem Fremde gewesen waren: Der Förster hatte den kleinen Buddha mit seinen langsamen Schritten von der inneren Hast befreit, und der kleine Buddha hatte den Förster daran erinnert, wie wichtig es ist, öfter die Vergangenheit loszulassen und die Gegenwart zu umarmen.

Die weisen Bäume

Die Sonne stand schon tief am Horizont, als sie sich dem östlichsten Punkt des Waldes näherten. Der Förster hatte dem kleinen Buddha ausführlich von seinem Arbeitsleben erzählt und war schließlich dazu übergegangen, ihm von einer Entwicklung zu berichten, die ihm große Sorgen bereitete. Nicht in seinem eigenen Waldabschnitt, aber in vielen anderen. Immer öfter wurden viel zu große Flächen kahlgeschlagen und dadurch entstanden riesige Löcher im Wald – Löcher, die sich in einem Menschenleben nicht mehr stopfen ließen. Und wie so oft war es die Geschwindigkeit, die Schuld daran hatte: Es wurde viel schneller abgeholzt, als Bäume nachwachsen konnten.

„Warum unternimmt denn niemand etwas dagegen?", fragte der kleine Buddha bestürzt.

„Wir versuchen es ja, einige Kollegen und ich. Aber es gibt Förster, die lieber große Teile des Waldes für viel Geld verkaufen, anstatt sich mühevoll um ihn zu kümmern. Gegen das Geld sind wir machtlos. Und die Bäume auch."

Der kleine Buddha schaute fassungslos zu Boden. Er konnte sich überhaupt nicht vorstellen, wie so etwas möglich war.

„Gibt es wirklich Menschen, die lieber Geld als Bäume haben?"

„Seltsam, nicht wahr?"

Beide schüttelten den Kopf.

„Dabei ist der Wald schon großzügig genug", fuhr der Förster fort. „Auch ohne großen Kahlschlag schenkt er uns ausreichend Holz, damit jeder Mensch in einem einfachen, warmen Haus wohnen kann. Wenn allerdings immer mehr Menschen ein größeres Haus haben wollen oder sogar mehrere, dann reicht es natürlich nicht."

„Und wieso sollte ein Mensch mehrere Häuser haben wollen?"

Ratloses Schulterzucken. Manchmal war es einfach zwecklos, nach einer Antwort zu suchen. Weil es manchmal keine sinnvolle Antwort gibt.

Schweigend gingen sie weiter den Weg entlang.

„Weißt du", sagte der Förster nach einer Weile, „der Wald ist wie eine große Familie. Jeder einzelne Baum ist ein Teil des Ganzen und ähnlich wie bei den Menschen gibt es nur wenige, die gerne immer alleine sind. Bäume müssen in Gemeinschaft leben, um wirklich glücklich zu sein. Und nur wenn die Bäume glücklich sind, kann es einen gesunden Wald geben." Er stieß einen langen Seufzer aus. „Wenn du alles wahllos abhackst, zerstörst du die Gemeinschaft. Du nimmst den Bäumen ihre Freunde und hinderst sie daran, alt zu werden. Ohne Gemeinschaft und ohne die Weisheit der Alten, wie sollen die jungen Bäume da überleben? Und Zeit zum Wachsen wird ihnen auch nicht gegeben. Wo soll das bloß hinführen?"

Der kleine Buddha merkte, wie die Schwere um die Ecke schielte und kurz davor war, erneut über den Mann herzufallen. Er selbst war zwar auch traurig und enttäuscht, dass manche Menschen die Wälder lieber vernichten, anstatt sie liebevoll zu pflegen, aber trotzdem beschloss er, das Gespräch in eine weniger deprimierende Richtung zu lenken.

„Wie alt werden Bäume eigentlich?"

„Das ist ganz unterschiedlich und hängt von der Art des Baumes und auch vom Standort ab. Die meisten Bäume werden einige hundert Jahre alt, manche können aber sogar über tausend Jahre werden."

„Tausend Jahre? Das ist echt viel!", sagte der kleine Buddha sichtlich beeindruckt. „Hast du schon mal einen so alten Baum gesehen?"

„Ja. Es sind wahre Kunstwerke der Natur! Aber auch weniger alte Bäume können etwas ganz Besonderes sein. Ganz in der Nähe von hier steht eine Buchenfamilie, die über fünfhundert Jahre alt ist. Möchtest du sie sehen?"

Die Augen des kleinen Buddha begannen zu leuchten. Natürlich wollte er sie sehen!

Als sie wenig später am östlichen Ende des Waldes ankamen, fegte eine starke Bö über die Felder. Die Kronen und oberen Äste der Bäume tanzten im Wind und vereinzelte Staubwolken wirbelten durch die Luft. Der Förster deutete mit dem Kopf zu einem schmalen Trampelpfad, der vom Hauptweg direkt in den Wald führte.

Sie bogen ab und spazierten einige hundert Meter tief in das Reich der Bäume hinein. Der ganze Boden war mit bunten Blättern gesäumt, morsche Äste knirschten unter ihren Füßen und die frische, würzige Herbstluft füllte ihre Lungen.

„Jedes Mal, wenn ich durch den Wald gehe, spüre ich einen inneren Frieden, wie ich ihn noch nirgendwo anders erlebt habe", sagte der Förster. „Es ist, als würde mich jemand vor den Sorgen und der Eile des Alltags beschützen. Als würde ich für eine Zeit lang in eine andere Welt eintauchen – eine Welt, in der alles perfekt miteinander harmoniert." Er hielt kurz inne. „Wir brauchen den Wald. Er heilt uns."

Der kleine Buddha wusste, was der Förster meinte. Auch er fühlte den Frieden, der sich langsam in seinem Inneren ausbreitete und das letzte bisschen Hast in ihm zur Ruhe brachte. Seine Gedanken wurden klarer und seine Schritte leichter; sein Atem wurde tiefer und gleichmäßiger und sein Herz schlug kräftiger. Der Wald war wie ein großer Meditationsraum, dachte er. Ein Meditationsraum, in dem es nicht nötig ist, sich mit gekreuzten Beinen und geschlossenen Augen hinzusetzen.

Dann blieb der Förster plötzlich stehen. Sie hatten ihr Ziel erreicht.

„Darf ich vorstellen: die alte Buchenfamilie!"

Der kleine Buddha blieb ebenfalls stehen und traute seinen Augen kaum: Mit offenem Mund starrte er auf die riesigen Stämme, die vor ihm hoch in den Himmel hinaufragten. Er ließ seinen Blick umherwandern und kam aus dem Staunen nicht mehr raus.

„Schau dir nur ihre unglaublichen Wurzeln an", sagte der Förster und humpelte zu dem nächstgelegenen Baum hinüber.

Der kleine Buddha folgte ihm und kletterte über die mächtigen Wurzeln bis an den dicken Stamm heran. Er versuchte, den Baum zu umarmen, schaffte es aber noch nicht einmal, ihn zur Hälfte zu umklammern. Er machte einen Schritt zurück, legte seine Hand auf die graue Rinde und schaute völlig fasziniert bis zur Krone hinauf.

„Und woher weißt du, dass diese Bäume fünfhundert Jahre alt sind?", wollte er wissen.

„Ganz einfach: Ich habe nachgezählt!"

Der Förster bekam einen fragenden Blick zugeworfen.

„Komm mit, ich zeige es dir."

Gemeinsam gingen sie einige Meter weiter in den Wald hinein, bis sie an einen alten Baumstumpf gelangten.

„Vor einigen Jahren ist dieser alte Riese gestorben. Nachdem wir ihn abgesägt haben, konnten wir die Jahre an seinen Ringen zählen."

Der kleine Buddha bückte sich, um den Stumpf näher zu betrachten. Und tatsächlich, er konnte die kreisförmigen Linien genau erkennen.

„Jeder Ring bedeutet ein Lebensjahr. Du kannst dich gerne vergewissern, ob es wirklich fünfhundert Jahre sind."

Er hatte zwar keinen Grund, dem Förster nicht zu glauben, trotzdem ging er dessen Vorschlag nach. Und während er leise vor sich hin zählte, fragte er sich, was der Baum wohl in seinem Leben alles erlebt hatte. Freude und Not, hunderte Sommer und tausende Stürme – ein ganzes Leben versteckt in einem toten Stück Holz.

Als er bei Ring Nummer zweihundertfünfzig angekommen und immer noch weit von der Mitte des Stammes entfernt war, hörte er auf und setzte sich neben den Förster, der sich inzwischen auf einer breiten Wurzel niedergelassen hatte. Schweigend verweilten sie nebeneinander und hörten den Lauten des Waldes zu. Und vor allem lauschten sie seiner Stille.

„Die Buchen geben dem Wald mit ihrer Stärke und Weisheit großen Halt“, sagte der Förster mit sanfter Stimme. „In stürmischen Zeiten kümmern sie sich fürsorglich um die anderen Waldbewohner, sie bieten Schutz und Geborgenheit und strahlen stets eine wohltuende Ruhe aus. Die Buche wird deshalb auch oft ‚die Mutter des Waldes‘ genannt.“

„Die Mutter des Waldes“, wiederholte der kleine Buddha. „Ja, das passt.“

„Mein Großvater hat uns einmal eine Geschichte über die Vorfahren dieser Bäume erzählt. Ich war damals noch recht jung, aber ich sehe es noch genau vor mir. Er hatte alle Kinder aus unserem Dorf um sich herum versammelt, genau hier, wo wir gerade sitzen.“

„Erinnerst du dich noch an die Geschichte?", fragte der kleine Buddha hoffnungsvoll, denn er liebte Geschichten wie kaum ein anderer.

„Natürlich", schmunzelte der Förster.

Er nahm einen langen Atemzug und begann zu erzählen.

„Es lebten einmal zwei Bäume, die gute Freunde waren. Es waren sehr kluge Bäume, denn sie wussten, dass sie viel länger leben würden, wenn sie langsam wachsen. Die anderen Bäume in ihrem Alter hatten jedoch andere Prioritäten: Sie versuchten, so schnell wie möglich in den Himmel zu schießen."

Die Kinder hörten dem Großvater gespannt zu.

„Zwanzig Jahre vergingen. Während die zwei Freunde lediglich fünf Meter groß waren, gab es schon einige andere Bäume, die zwar halb so dick, aber dafür doppelt so hoch waren. Von oben schauten sie herab und lachten die kleinen Bäume aus. Doch dann zog eines Tages ein gewaltiger Sturm auf. Mit wilden Winden tobte er umher und prüfte die Standfestigkeit eines jeden Waldbewohners. Die größten Bäume, die noch vor kurzem die anderen ausgelacht hatten, fielen bei dieser Prüfung sang- und klanglos durch und wurden im Sturm umgerissen.

„Und die zwei Freunde?", wollte eines der Kinder wissen.

„Die zwei Freunde hatten den Sturm unbeschadet überstanden", antwortete der Großvater. „Aber es gab immer noch genügend andere Bäume, die ebenfalls schnell hoch hi-

naus wollten. Jahr für Jahr wuchsen sie um die Wette, immer dem endlosen Himmel entgegen. Die zwei Freunde hielten derweil an ihrem ursprünglichen Plan fest und wuchsen langsam weiter."

„Und dann?"

„Fünfzig Jahre waren vergangen. Die zwei Freunde waren mittlerweile zehn Meter groß. Einige andere Bäume hatten zu diesem Zeitpunkt allerdings schon Höhen von bis zu dreißig Metern erreicht. Doch das schnelle Wachstum hatte einen Preis: Sie hatten alle Kraft ins Wachsen gesteckt – als eine schwere Pilzkrankheit umherging, waren sie zu schwach, um sich gegen den Pilzbefall zu wehren. Es dauerte nicht lange, da fielen sie tot in sich zusammen."

„Und die zwei Freunde?", erkundigte sich ein anderes Kind besorgt.

„Den zwei Freunden hatte die Krankheit nichts anhaben können", sagte der Großvater. „Aber es gab immer noch einige Bäume, die nichts gelernt hatten und das Wettrennen zum Himmel fortsetzten. Die zwei Freunde ließen sich unterdessen nicht aus der Ruhe bringen und entwickelten sich langsam weiter. Sie wussten, dass Kraft und Weisheit nicht an einem Tag wachsen."

„Und dann?"

„Hundert Jahre waren vergangen. Unsere beiden Freunde waren inzwischen über zwanzig Meter groß. Doch das war nichts, verglichen mit einigen anderen Bäumen. Über vierzig Meter ragten sie in die Höhe. Aber während die zwei Freunde auch in die Erde gewachsen waren, indem sie ihre

Wurzeln tief unter sich ausgebreitet hatten, waren die anderen Bäume nur in den Himmel gewachsen. Als eine schwere Dürre die obere Erdschicht austrocknete, verdursteten alle Bäume. Alle, bis auf die zwei Freunde."

Die Kinder strahlten vor Freude und dachten, das glückliche Ende sei erreicht. Doch weit gefehlt.

„Die zwei Freunde lebten dreihundert, fünfhundert und sogar tausend Jahre weiter. Irgendwann merkten sie allerdings, dass sie so groß geworden waren, dass neue Bäume immer weniger Platz hatten, um ebenfalls zu wachsen. Sie waren die größten und stärksten Bäume, die es je gegeben hat, aber auch die einsamsten und traurigsten."

Der Großvater guckte in entsetzte Gesichter.

„Die Armen!", riefen einige der Kinder.

Für einen langen Augenblick herrschte großes Bangen, dann erlöste der Großvater sie von ihren Qualen.

„Zum Glück waren die zwei Freunde aber nicht nur kluge, sondern inzwischen auch weise Bäume. Sie waren bereit, zu lernen und sich einer neuen Situation anzupassen."

„Und was haben sie gemacht?", drängten die Kinder.

„Sie beschlossen, nicht weiter zu wachsen und stattdessen den anderen Bäumen Platz zu lassen. Und nicht nur das: Sie halfen ihnen mit ihrem Wissen, indem sie ihnen vom Geheimnis des langsamen Wachsens erzählten. So konnten einige von ihnen ebenfalls zu großen Riesen werden – und die zwei Freunde waren nicht mehr allein."

Der kleine Buddha schenkte dem Förster ein dankbares Lächeln. Für eine Weile verharrte er nachdenklich in Stille, während die letzten Sonnenstrahlen des Tages zwischen den Ästen hindurchschienen und alles um ihn herum in ein warmes Gelb tunkten.

„Schade, dass es bei uns Menschen nicht auch so ist wie bei den Bäumen", sagte er schließlich. „Stell dir vor, wir könnten im Alter immer größer und stärker werden, anstatt zu schwächeln und zu schrumpfen."

„Vielleicht ist es besser so", entgegnete der Förster. „Denn die meisten Menschen kennen keine Grenzen und wollen immer mehr und mehr. Sie haben noch nicht begriffen, dass endloses Wachstum nicht möglich ist. Und vor allem haben sie noch nicht gelernt, dass es nicht glücklich macht, alles alleine zu haben." Er schüttelte den Kopf, dann blickte er voller Bewunderung zu seinen uralten Freunden. „Geduldig wachsen und aufhören, wenn die Zeit reif ist – die weisen Bäume haben diese Lektion verstanden."

Der frustrierte Lehrer

Eine Zeit lang saßen sie schweigend nebeneinander, dann erhob sich der Förster, nahm einen Schluck Wasser aus seiner Flasche und wandte sich zum kleinen Buddha.

„Die Sonne ist bereits untergegangen und ich brauche noch eine gute Stunde bis nach Hause. Was ist mit dir? Willst du mitkommen und bei uns übernachten?"

Der kleine Buddha zögerte einen Moment, dann schüttelte er den Kopf.

„Danke, aber ich bleibe hier. Ich will die Nacht bei den weisen Bäumen verbringen."

„Das kann ich gut verstehen, es ist schließlich ein ganz besonderer Ort."

Der Förster schenkte ihm ein herzliches Lächeln.

„Also denn, pass auf dich auf, mein Freund, vielleicht sehen wir uns irgendwann mal wieder."

„Ja, das wäre schön."

Sie umarmten sich kurz, dann humpelte der alte Mann davon und verschwand wenig später in der Dämmerung.

Der kleine Buddha schloss die Augen, atmete tief ein und aus und lauschte dabei den Geräuschen der heranrollenden Nacht. Eine Eule, die gerade aufgewacht war und durch den Wald rief, das Flattern einiger Fledermäuse, hier und da ein Rascheln zwischen den Blättern und der Wind, der langsam verstummte. Als ihm kalt wurde, holte er aus seiner Tasche die Decke, wickelte sich in sie ein und legte sich zwischen zwei große Wurzeln mit dem Rücken auf den Boden. Er starrte hinauf und sah die schwarzen Umrisse der mächtigen Buchen, die über ihm in den Nachthimmel ragten und schon seit vielen Jahrhunderten genau an dieser Stelle über den Wald und seine Bewohner wachten. In der Tat, dachte er, es war ein ganz besonderer Ort. Nach einiger Zeit wurden seine Augenlider immer schwerer und schließlich sank er wohl behütet in einen tiefen und friedlichen Schlaf.

Am nächsten Morgen verabschiedete er sich im ersten Sonnenlicht von den weisen Bäumen und brach auf in Richtung Waldrand. Während er eine fröhliche Melodie summte und den schmalen Weg entlangspazierte, bemerkte er ein Eichhörnchen, das in einigen Metern Entfernung neben ihm herhüpfte. Er blieb stehen und sofort hielt das Eichhörnchen ebenfalls an. Langsam ging er weiter und beobachtete aus den Augenwinkeln, wie sich das kleine Tier auch wieder in Bewegung setzte. Der kleine Buddha lächelte vergnügt – er war auf seinen vielen Reisen noch nie von einem Eichhörnchen begleitet worden.

Als er den Waldrand erreicht hatte und den Feldweg betrat, drehte er sich noch einmal um. Das putzige Wesen hockte auf einem kleinen Erdhügel und wackelte wild mit seinem buschigen Schwanz. Es schien ihm zuzuwinken, also winkte der kleine Buddha fröhlich zurück. Dann schoss es mit einem Mal den nächsten Baum hinauf und der kleine Buddha zog alleine weiter.

Der Wald machte am östlichen Ende einen Bogen und verlief von nun an nach Nordwesten. Der Feldweg führte geradewegs nach Norden. Der kleine Buddha war zwar noch nie in dieser Gegend gewesen, doch wenn ihn seine Orientierung nicht täuschte, musste im Norden die große Stadt liegen, in der er vor einigen Jahren gewesen war. Er erinnerte sich noch gut an Herrn Singh, den Mann ohne Zeit, den er damals in einem Teeladen getroffen hatte. Bestimmt würde er in der Stadt noch einiges mehr über die Zeit erfahren können. Wahrscheinlich nicht unbedingt ihre schönsten Seiten, aber gut, die dunklen Seiten gehören eben auch dazu und von ihnen kann man in der Regel am besten lernen.

Den ganzen Vormittag spazierte er also gen Norden, vorbei an weiten Feldern und über ihm strahlend blauer Himmel. Zweimal legte er eine kurze Rast ein, ansonsten ging es ohne weitere Ablenkungen die ganze Zeit geradeaus. Manche Menschen hätten sich wegen der Monotonie, die ihn umgab, gelangweilt, doch dem kleinen Buddha kam sie nur recht. Er konnte seine Gedanken frei treiben lassen und befand sich schon bald in einer Art Trance, in der sich Vergangenheit und Zukunft mehr und mehr auflösten. Einen Fuß vor den anderen setzen, ruhig und gleichmäßig atmen und die aufkommenden Gedanken nach wenigen Schritten sofort wieder loslassen – in dieser Einfachheit des Seins fühlte er sich vollkommen lebendig.

Es war früher Nachmittag, als er ein kleines Dorf erreichte. Alles wirkte ruhig und friedlich – die schmale Straße, die er entlangging, war auf beiden Seiten von Bäumen und freistehenden Häusern gesäumt; eine ältere Frau kam ihm mit vollgepackten Einkaufstaschen entgegen und grüßte freundlich; ein Hund lag seelenruhig mitten auf dem Weg und machte ein Nickerchen. Ein idyllisches Fleckchen, dachte der kleine Buddha, perfekt für eine längere Pause. Doch sein erster Eindruck sollte sich schon bald als falsch herausstellen. Als er wenig später nach einer engen Kurve an eine Kreuzung kam, blieb er leicht erschrocken stehen: Überall liefen Menschen hastig von einer Seite zur anderen, Pferdekutschen rasten an ihm vorbei und Händler priesen laut schreiend ihre neusten Waren an. Der kleine Buddha schüttelte verwirrt den Kopf – wo war er hier gelandet? Er begann, die große Hauptstraße entlangzugehen und hielt neben einem Milchverkäufer an.

„Entschuldigung", sagte er, doch der Verkäufer schaute ihn erst gar nicht an und drückte ihm stattdessen eine der Milchflaschen in die Hand.

„Nein, danke, ich möchte keine Milch." Er reichte sie ihm zurück. „Ich wollte nur fragen …"

„Moment!", rief der Verkäufer, während er eine Frau bediente und Geld kassierte. Direkt im Anschluss wiederholte sich der gleiche Austausch mit einem jungen Mann und dann noch mit zwei anderen Frauen.

„Was willst du?", fragte er schließlich, als für einige Momente niemand Milch wollte.

„Ist das hier schon die große Stadt?"

„Die große Stadt?" Der Verkäufer gab dem kleinen Buddha einen irritierten Blick. „Nein, die Stadt ist einen halben Tagesmarsch entfernt."

„Und was ist das hier?"

„Was soll es schon sein? Ein Dorf!"

„Ein Dorf?", staunte der kleine Buddha. „Es ist aber ein sehr quirliges Dorf."

„Mag sein", entgegnete der Verkäufer und drehte sich zu einem neuen Kunden um. Während ihrer kurzen Unterhaltung hatte sich eine Schlange vor dem Milchstand gebildet und somit beschloss der kleine Buddha, den Mann nicht weiter bei der Arbeit zu stören und weiterzugehen. „Ein Dorf", wiederholte er leise für sich selbst und schaute dabei dem hektischen Treiben auf der Straße zu. Einen wirklichen Unterschied zu der Stadt konnte er nicht erkennen, lediglich die Häuser waren etwas kleiner.

Er folgte der Hauptstraße, bis er wieder in eine etwas ruhigere Gegend kam. Hinter einem langen, flachen Gebäude aus Stein entdeckte er eine Bank, auf der ein Mann mittleren Alters saß und nachdenklich auf einem Blatt Papier kritzelte.

„Hast du etwas dagegen, wenn ich mich hier etwas ausruhe?"

Der Mann schüttelte den Kopf, ohne den Blick von seinem Blatt zu nehmen.

Der kleine Buddha setzte sich neben ihn und atmete einige Male tief ein und aus.

„Ich glaube, ich habe noch nie so ein hektisches Dorf erlebt", sagte er nach einer Weile, in der Hoffnung, mit dem Mann ins Gespräch zu kommen. Doch mehr als ein flüchtiges Kopfnicken bekam er nicht zur Antwort.

„War hier schon immer so viel los?", versuchte er es erneut.

„Nein. Aber auch in Dörfern ändern sich die Zeiten", sagte der Mann kurz und knapp und machte sich daran, mit einem frustrierten Seufzer das gerade Geschriebene wieder durchzustreichen.

Der kleine Buddha hatte das Gefühl, dass es mit einem Gespräch nichts werden würde. Wahrscheinlich störte er auch hier jemanden bei der Arbeit. Es war wohl besser, weiterzuziehen. Doch just in dem Moment, als er sich erheben wollte, sprang der Mann auf, zerknüllte das Blatt und warf es mit einem wütenden Schrei gegen eine nahe Hauswand. Dann ließ er sich wieder auf die Bank fallen und starrte verzweifelt geradeaus.

„Alles in Ordnung?", erkundigte sich der kleine Buddha vorsichtig.

„Nein, nichts ist in Ordnung."

„Kann ich dir irgendwie helfen?"

„Das bezweifele ich. Es sei denn, du kennst dich mit Lehrplänen aus."

„Lehrpläne? Bist du Lehrer?"

Der Mann nickte und deutete zu dem großen, flachen Gebäude.

„Das ist unsere Schule."

Für einige Momente schwiegen beide.

„Und was ist mit den Lehrplänen?"

„Sie platzen aus allen Nähten! Ich weiß gar nicht, wie ich den ganzen Stoff in der wenigen Zeit unterrichten soll. Und es wird immer schlimmer!"

„Warum denn?"

Der Lehrer stieß einen weiteren, langen Seufzer aus.

„Hauptsächlich wegen der Eltern. Jedes Jahr kommen sie mit neuen Forderungen nach höheren Lernzielen und setzen den Direktor der Schule so lange unter Druck, bis er nachgibt. Wir Lehrer müssen dann alles ausbaden und die ohnehin schon vollgepackten Unterrichtsstunden noch mehr füllen."

„Aber warum wollen die Eltern noch vollere Stunden?"

„Damit ihre Kinder mehr lernen. Sie wollen, dass ihre Töchter und Söhne eines Tages hoch angesehene und gut bezahlte Jobs in der großen Stadt bekommen. Und sie glauben, dass dies nur möglich ist, wenn ihre Kinder mehr wissen als alle andere."

„Vielleicht haben sie auch einfach Angst, dass ihre Kinder eines Tages ohne Arbeit dastehen könnten", fügte der kleine Buddha hinzu.

„Ja, die Angst spielt auch eine Rolle." Der Lehrer zögerte, legte den Kopf kurz in den Nacken und schaute dann zu seinem Banknachbarn. „Manchmal ist es in der Tat so, dass diejenigen, die das größte Wissen haben, die besten Jobs bekommen. Doch eines wird bei der Jagd nach Leistung und guten Noten völlig vergessen, und zwar das Leben. Sollte es nicht so sein, dass in der Schule für das Leben gelernt wird?"

Der kleine Buddha stimmte mit einem stummen Nicken zu.

„Heute lernen die Kinder leider in erster Linie für die Arbeitswelt. Sie lernen zu überleben, aber nicht, glücklich zu sein. Sie wissen alles über die Sprache, Zahlen und Zellen, verstehen das Leben aber nicht mehr."

„Hast du das den Eltern denn schon mal so gesagt?"

„Natürlich, oft sogar! Aber es hat sich nichts geändert. Im Gegenteil: Der Druck und die Forderungen nach noch mehr Leistung nehmen ständig zu."

Traurig ließ er die Schultern sacken.

„Ich bin wirklich ratlos. Weißt du, es gibt einen großen Unterschied zwischen wissen und verstehen. Wenn du etwas wirklich verstehen willst, brauchst du Zeit, denn Verständnis kann nur über eigene Erfahrungen erlangt werden. Im Unterricht haben wir aber noch nicht einmal die Gelegenheit, über Erfahrungen zu sprechen, geschweige denn, welche zu machen. Wenn ich ein Thema des Lehrplans zu Ende behandelt habe, wartet sogleich das nächste. Ich versuche zwar immer wieder, Freiräume in den Lehrplänen zu schaffen, aber es ist mittlerweile fast unmöglich geworden. Die Folge ist, dass die Schüler leiden, weil sie immer mehr Wissen auswendig lernen müssen, anstatt es mit Freude selbst zu entdecken, und ich leide, weil von mir erwartet wird, dass ich alles noch schneller in sie hineinstopfe."

„Das hört sich tatsächlich nicht sehr schön an. Gibt es denn gar nichts, was du machen kannst?"

„Nein, nicht, dass ich wüsste. Es ist einfach nur frustrierend! Jeden Abend denke ich mit Sorge und voller Anspannung an den nächsten Schultag, an den Zeitdruck, der in die Klassenzimmer eingezogen ist. Und vor allem graut es mir davor, wie es in der Zukunft weitergehen soll. Noch mehr Forderungen nach noch mehr Unterrichtsstoff und folglich noch weniger Zeit, ein guter Lehrer zu sein – ich weiß nicht, ob ich das noch lange aushalte."

Der kleine Buddha sah ihn mitfühlend von der Seite an. Sorgenfalten bedeckten das Gesicht des Mannes, weit und breit keine Spur eines Hoffnungsschimmers. Besonders bei einem Lehrer war dies tragisch, denn wie sollte er einer neuen, jungen Generation Hoffnung vermitteln, wenn er selbst keine hatte? Wie sollte er Zuversicht und Lebensfreude verbreiten, wenn er selbst deprimiert war?

Während sie schweigend auf der Bank saßen, überlegte der kleine Buddha, was er dem Lehrer sagen könnte, um dessen Situation zu verbessern. Wie konnte er ihn ermutigen, nicht aufzugeben? Wie konnte er ihm helfen, wieder neue Hoffnung zu finden? Wenn die Zukunft nichts als Sorgen bereitet, dachte er schließlich, ist es vielleicht am Besten, ihr etwas weniger Aufmerksamkeit zu schenken.

„Hast du schon mal meditiert?"

Der Lehrer schaute ihn überrascht und auch ein wenig entgeistert an. Es schien, als hätte er erst in diesem Moment gemerkt, dass er all seine Sorgen einem wildfremden Menschen erzählt hatte, und dieser Mensch bot ihm nun auch noch Hilfe an.

„Wer bist du überhaupt?"

„Ein einfacher Reisender", entgegnete der kleine Buddha und lächelte dabei zufrieden. „Also: Hast du schon mal meditiert?"

Der Lehrer wusste zuerst nicht so richtig, wie er reagieren sollte. Doch dann beschloss er, seine Skepsis abzulegen und dem Fremden zu vertrauen. Es war schon lange her, dass ihm jemand so geduldig und aufmerksam zugehört hatte – das allein war Grund genug, ihr Gespräch fortzusetzen.

„Nein, bisher noch nicht. Kennst du dich damit aus, mit Meditation?"

„Ein bisschen."

Nachdenklich ließ der Lehrer seinen Blick zu dem Papierknäuel wandern, das er eben gegen die Wand geworfen hatte und das nun von einer Windbö direkt vor seine Füße geweht worden war.

„Mir hat mal jemand gesagt, dass mit Hilfe von Meditation die Gedanken abgeschaltet werden können. Stimmt das?“

Der kleine Buddha grinste leicht amüsiert. Er hatte diese Frage schon öfter gehört.

„Nein, das stimmt nicht. Jedenfalls kenne ich keine Person, die das geschafft hat. Es gibt vielleicht vereinzelte, gedankenlose Momente, aber niemand kann mit dem Denken vollständig aufhören. Es verlangsamen, wenn es zu schnell dahinrast, das ja. Es in die Gegenwart zurückholen, wenn es sich in der Vergangenheit oder Zukunft verirrt hat. Und die Gedanken mit Gleichmut akzeptieren, das geht auch.“

Die anfängliche Skepsis des Lehrers hatte sich nun in Neugierde verwandelt. Oft hatte er das Gefühl, das er von seinen Gedanken förmlich überrannt wurde. Sie zogen ihn in alle Richtungen und verursachten viel zu viel Kummer und Sorgen. Wenn es also eine Möglichkeit gab, die eigene Beziehung zu den Gedanken zu ändern, dann war es auf jeden Fall einen Versuch wert.

„Am besten du probierst es einfach mal aus“, sagte der kleine Buddha, dem das aufkommende Interesse des Lehrers nicht entgangen war. „Wenn du willst, zeige ich dir, wie es geht.“

„Das wäre nett von dir.“

„Jetzt sofort?“

„Ja, warum nicht", sagte der Lehrer. „Wo denn? Hier?"

Der kleine Buddha blickte um sich und sah auf der anderen Straßenseite einige Kinder, die vor einem Haus spielten. Kurz darauf fuhr auch eine Pferdekutsche vorbei.

„Besser wäre ein Ort, wo wir etwas mehr Ruhe haben."

„Wir könnten zu mir, ich wohne ganz in der Nähe."

„Wunderbar!", freute sich der kleine Buddha und erhob sich sogleich von der Bank. „Lass uns also meditieren gehen!"

Wenig später standen sie im Haus des Lehrers. Eigentlich war es gar kein richtiges Haus, sondern lediglich ein großes Zimmer, aber für ihr Vorhaben reichte es allemal.

„Nimm dir am besten ein Kissen und setze dich damit auf den Boden, wenn möglich mit gekreuzten Beinen."

Der Lehrer machte zwei Schritte zu seinem Bett, nahm das große Kopfkissen und ließ sich anschließend mitten im Raum nieder. Der kleine Buddha setzte sich einen Meter vor ihn auf seine Decke, die er inzwischen aus seiner Tasche geholt hatte. Er richtete seinen Rücken auf, nahm einen tiefen Atemzug und legte seine Hände mit den Handflächen nach oben in den Schoss.

„Eine aufrechte, ausgeglichene Körperhaltung ist hilfreich, damit dein Geist ebenfalls ins Gleichgewicht finden kann. Außerdem schläfst du auf diese Weise nicht so leicht ein."

Der Lehrer kopierte die Haltung des kleinen Buddha so gut er konnte, dann schaute er ihn erwartungsvoll an.

„Und jetzt?"

„Schließe deine Augen. Wenn du willst, kannst du sie auch halb offen lassen, aber als Anfänger ist es leichter, sie zu schließen."

Sein Gegenüber schloss die Augen.

„Und jetzt?"

„Jetzt sitzen wir einfach in Stille und beobachten, was passiert."

Sofort riss der Lehrer wieder seine Augen auf.

„Das ist alles?", fragte er fast ein wenig empört.

„Ja, das ist alles. Sitzen und beobachten."

„Und was soll ich beobachten?"

„Deinen Atem", sagte der kleine Buddha mit ruhiger Stimme. „Schaue ihm dabei zu, wie er durch deine Nase in dein Inneres tritt und dann wieder über den gleichen Weg hinausströmt."

Der Lehrer folgte den Anweisungen und begann, mit angestrengtem Gesicht sein Ein-und Ausatmen zu überwachen.

„Versuche, dich ein wenig zu entspannen. Überlasse deinem Körper die Arbeit und bleibe in der Rolle des Beobachters. Mit der Zeit wirst du merken, wie dein Atem ruhiger und gleichmäßiger wird."

Eine Weile saßen sie schweigend da, doch wirklich still wurde es beim Lehrer nicht. Zuerst juckte ihn seine Nase, die er daraufhin kratzte, dann sein Oberschenkel, und außerdem rutschte er immer wieder unruhig auf seinem Kissen hin und her. Als er kurz die Augen öffnete und den kleinen Buddha wie eine in Bronze gegossene Statue vor sich sitzen sah, war er bereit, aufzugeben.

„Ich kann das nicht", sagte er verzweifelt und enttäuscht. „Mein Körper findet keine Ruhe und mein Geist erst recht nicht. Ständig muss ich an den morgigen Schultag denken, an die meckernden Eltern und ihre unglücklichen Kinder, an die fehlende Zeit. Mein Kopf ist gefüllt mit Plänen und Verpflichtungen aus der Zukunft und Erinnerungen aus der Vergangenheit. Ich bin überall, nur nicht im Hier und Jetzt!"

Seine Frustration wurde nicht weniger, sondern nahm immer mehr zu.

„Das ist völlig normal", sagte der kleine Buddha mit halb geschlossenen Augen. „Gedanken sind wilde Wanderer, sie kommen und gehen. Lass sie wandern und schaue ihnen einfach zu."

„Aber es sind zu viele, wie soll ich das machen?"

„Mit deinem Atem. Kehre zu ihm zurück, immer wieder."

Der Lehrer versuchte es erneut. Dieses Mal klappte es etwas besser und er schaffte es, einige Momente lang den Tumult in seinem Kopf mit mehr Ruhe zu betrachten. Doch schon bald übernahmen die Gedanken wieder die Kontrolle über ihn.

„Ich glaube, ich mache alles falsch."

Der kleine Buddha lächelte. Auch ihm passierte es gelegentlich, dass er dachte, er würde etwas nicht richtig machen. Trotz tausender Stunden Meditation war auch er nicht immun davor, Gedanken zu sehr zu bewerten.

„Mir hilft es bei Zweifeln, mich daran zu erinnern, dass es während der Meditation kein Richtig und kein Falsch gibt. Nachher kannst du wieder darüber nachdenken, wenn du möchtest, aber jetzt gerade sind wir nicht hier, um zu urteilen, sondern nur, um zu beobachten. Alles so zu sehen, wie es ist. Ohne Wertung, denn sobald du einen Gedanken bewertest, hältst du an ihm fest."

In der Nähe bellte ein Hund, dann ein zweiter und schließlich beide zusammen. Dann war es wieder still.

„Beim Meditieren lernst du, loszulassen", fuhr der kleine Buddha fort. „Mit jeder Ausatmung bekommst du die Chance, die nach Aufmerksamkeit schreienden Gedanken gleichmütig weiterziehen zu lassen."

Wieder wurde es still um sie herum. Der Lehrer blieb das erste Mal einen längeren Zeitraum wirklich ruhig. Langsam strömte sein Atem ein und aus und auch seine angespannte Stirn lockerte sich ein wenig. Als wieder Unruhe aufkam und er anfing, auf dem Kissen hin und her zu rutschen, ergriff der kleine Buddha das Wort und sprach mit sanfter Stimme.

„Habe Geduld. Es braucht etwas Übung, das Loslassen zu erlernen. Erwarte keine Wunder, denn Wunder liegen in der unbekannten Zukunft." Er zögerte einen Moment. „Am besten ist es, gar nichts zu erwarten."

„Wie soll das gehen?", fragte der Lehrer, ohne die Augen zu öffnen. „Wie kann ich keine Erwartungen haben?"

Der kleine Buddha nickte verständnisvoll. Nein, ganz ohne Erwartungen durch das Leben zu ziehen, das war fast unmöglich. Und nötig war es auch nicht.

„Es gilt nur für die Meditation. Erwarte nicht, dass du sofort völligen Frieden findest, dass du ein großes Ziel erreichen wirst oder dass jegliche Sorgen verschwinden werden. All das ist jetzt gerade nicht wichtig. Das einzige, was zählt, ist dieser Moment. Und in diesem Moment gibt es keinen Grund, auf irgendetwas zu warten. Einfach sitzen und atmen, sonst nichts."

Während draußen erneut die Hunde bellten, breitete sich im Zimmer tiefe Stille aus. Ein paar Mal erinnerte der kleine Buddha seinen Schüler daran, den zusammengesackten Rücken wieder aufzurichten, aber ansonsten herrschte Schweigen auf beiden Seiten.

Als nach einer ganzen Weile ein leichter Windstoß die Fensterläden klappern ließ, beschloss der kleine Buddha, die Meditation zu beenden. Er reckte und streckte sich und schaute den Lehrer an, der immer noch im Jetzt vertieft zu sein schien. Schließlich öffnete auch er seine Augen und nahm einen langen Atemzug. Dann lächelte er.

„Danke", war das erste, was er zu Wort brachte.

„Wie war es für dich?", wollte der kleine Buddha wissen.

„Stürmisch!", lachte der Lehrer. „Jedenfalls zu Beginn. Wenn tausende Gedanken durch meinen Kopf toben, ist es schwer, mich auf den Atem zu konzentrieren. Aber gegen Ende hat der Sturm dann etwas nachgelassen und dadurch konnte ich alles besser beobachten. Oder vielleicht habe ich durch das Beobachten auch einfach etwas Abstand gewonnen und deswegen wirkten die wirbelnden Gedanken nicht mehr so bedrohlich. Ich weiß es nicht."

Der kleine Buddha schmunzelte.

„Du musst es auch nicht wissen. Wie fühlst du dich jetzt?"

„Auf jeden Fall besser als vor der Meditation. Ausgeglichener, friedlicher." Der Lehrer fing an, sich bereits eine rosige, vollkommen harmonische Zukunft auszumalen. „Wenn ich jeden Tag meditiere, fühle ich mich dann irgendwann immer so?"

Nun war es der kleine Buddha, der lachen musste.

„Das wäre schön, nicht wahr? Ich fürchte jedoch, das wird nicht passieren. Und trotzdem ist es eine gute Idee, täglich in Stille zu sitzen. Egal, wie lange. Du schaffst dir dadurch einen Rückzugsort, der dir hilft, dich von deinen Ängsten und Sorgen zu lösen. Wie eine Insel der Gegenwart, die du jederzeit besuchen kannst. Und je mehr Inseln du hast, desto einfacher ist es, in deinem Alltag Brücken zwischen ihnen zu bauen. Du wirst zwar nicht immer glücklich und gelassen sein, aber öfter."

Ein zuversichtliches Lächeln zeigte sich auf dem Gesicht des Lehrers. Letzten Endes war es genau das, was ihm gefehlt hatte: etwas Hoffnung.

„Ich werde auf jeden Fall weiter meditieren. Und vielleicht werde ich es sogar im Schulunterricht einführen –

denn Inseln der Gegenwart kann jeder Mensch gebrauchen."

Die vergessliche Buchhalterin

Im Anschluss an die Meditation tranken sie eine Tasse Tee und plauderten eine Weile über das Leben. Als der kleine Buddha aufbrechen wollte, bot ihm der Lehrer an, bei ihm zu übernachten. Mehr noch: Er bestand darauf! Ihm einen Schlafplatz zur Verfügung zu stellen, sagte er, sei das Mindeste, was er tun könne, um sich für den Meditationsunterricht zu bedanken. Da der kleine Buddha keine anderen Pläne hatte und es draußen auch schon langsam dunkel wurde, nahm er das Angebot gerne an.

Am Abend kochte der Lehrer ein leckeres Reisgericht und anschließend unterhielten sie sich noch weiter, bis ihre Augen vor Müdigkeit zufielen. Am darauf folgenden Morgen wachten beide in aller Frühe auf und begaben sich sogleich in die Mitte des Raumes, um ein weiteres Mal zusammen in Stille zu sitzen. „Der frühe Morgen ist normalerweise die beste Zeit zum Meditieren", erklärte der kleine Buddha, „denn früh morgens ist nicht nur die Luft reiner und ruhiger, sondern der Geist ebenfalls."

Nach dem Frühstück verließen sie gemeinsam das Haus und der kleine Buddha begleitete den Lehrer noch bis zur Schule.

„Ich glaube, dass Meditation wirklich allen gut tun würde", sagte der Lehrer, kurz bevor sie das große Schulgebäude erreicht hatten. „Lehrern, Schülern, Eltern und auch allen anderen Menschen." Er hielt einen Moment inne. „Und vor allem meiner Tante!"

Der kleine Buddha schaute ihn fragend an.

„Bei ihr ist es noch viel schlimmer als bei mir", seufzte der Lehrer. „Nie kommt sie zur Ruhe! Sie ist von Sorgen getrieben und versucht, jeden Moment ihres Lebens zu kontrollieren. Es ist traurig, denn über die Jahre ist sie durch die ständige Angst und die Kontrolle leider ziemlich griesgrämig geworden."

Sie kamen an dem offenen Schultor an. Mädchen und Jungen und auch einige Erwachsene strömten auf den Hof und eilten von dort zu den Klassenzimmern.

„Ich muss jetzt los", sagte der Lehrer. „Falls du ein bisschen Zeit übrig hast, würde ich dich tatsächlich bitten, bei meiner Tante vorbeizugehen. Sie hätte es bitter nötig, sich etwas zu entspannen und Gelassenheit zu üben. Vielleicht könntest du auch mit ihr meditieren?"

„Das kann ich gerne machen", entgegnete der kleine Buddha. Er hatte zwar nicht vor, noch lange im Dorf zu bleiben, verspürte allerdings auch keinerlei Eile. Und egal, ob griesgrämig oder gut gelaunt – er freute sich stets, neue Leute kennenzulernen.

Der Weg, den ihm der Lehrer beschrieben hatte, führte ihn ein weiteres Mal über die Hauptstraße. Wie schon am Vortag herrschte dort reges Treiben und der kleine Buddha fragte sich, wo bloß alle hin wollten. Es schien viel mehr Menschen zu geben, als es Orte gab, wo sie hin konnten.

An einem bunten Stoffladen bog er in eine schmale Seitenstraße ab und zwanzig Schritte später hatte er sein Ziel erreicht: ein gepflegtes, weißes Haus mit einer schwarzen Tür. Ohne zu zögern, klopfte er an.

„Herein!“, ertönte es in einem mürrischen Ton von innen.

Der kleine Buddha drückte die Tür auf und betrat einen Raum, der im gleichen Maße hoffnungslos überfüllt und extrem ordentlich war. Er ließ seinen Blick umherwandern und sah an allen vier Wänden hohe Regale, vollgepackt mit unzähligen Büchern und Ordnern. Sie waren allerdings nicht einfach wahllos in die Regale gestopft worden, sondern jedes Buch und jeder Ordner schien einen genauen Platz zu haben. In der Mitte des Zimmers befand sich ein großer, länglicher Holztisch, auf dem sich ebenfalls Bücher und Ordner stapelten. Die Türme, die sich vor ihm auftaten, überragten den kleinen Buddha um fast einen halben Meter. Die Sicht auf den Teil des Raumes, der hinter dem Tisch lag, war ihm somit versperrt. Doch als er den Kopf geradeaus drehte, tauchte plötzlich eine schmale Lücke vor ihm auf, zwischen einem Stapel roter Ordner und einem Stapel grüner Ordner. Durch den Spalt konnte er die hintere Wand sehen und davor einen Schreibtisch, an dem eine ältere Frau saß und ihn mit musternden Augen anstarrte. Der kleine Buddha erschrak ein wenig und machte einen Schritt zurück.

„Was willst du?“, fragte sie schroff.

„Dein Neffe hat mich geschickt.“

„Mein Neffe?“

„Ja, der Lehrer.“

„Ach so, richtig. Wahrscheinlich sollst du mich daran erinnern, dass ich nächste Woche mit ihm verabredet bin. Richte ihm aus, dass ich es mir schon aufgeschrieben habe. Und sage ihm auch, dass ich wahrscheinlich keine Zeit haben werde.“

Dann senkte sie den Blick und wandte sich den Papierhaufen zu, die vor ihr ausgebreitet waren. Voller Eifer machte sie sich daran, irgendetwas auf die verschiedenen Blätter zu schreiben. Ihren Besucher ignorierte sie, als wäre er schon längst wieder zur Tür hinausgegangen. Der kleine Buddha stand allerdings immer noch am selben Fleck und wusste nicht so recht, was er machen sollte. Vielleicht war es das Beste, weiterzugehen und die Frau in Ruhe zu lassen. Es war definitiv das Dorf der beschäftigten Leute, dachte er, niemand schien hier Zeit zu haben. Doch dann musste er an den Lehrer und dessen Bitte denken und beschloss, wenigstens zu versuchen, sie zu erfüllen.

„Ich bin gar nicht hier, um dich an etwas zu erinnern“, sagte er.

„Ach nein?“, entgegnete die Frau, ohne ihre Arbeit zu unterbrechen.

Der kleine Buddha ging um den großen Tisch herum und setzte sich auf einen Stuhl, der in der Ecke neben dem Schreibtisch stand. Die Frau ignorierte ihn weiter und so schaute er ihr einfach schweigend zu. Mit ihrer Schreibfeder füllte sie in Windeseile ein Blatt nach dem anderen und zwischendurch rechnete sie leise vor sich hin.

„Was machst du da?“, fragte der kleine Buddha nach einer Weile.

„Siehst du das denn nicht?“, erwiderte sie gereizt. „Ich notiere Dinge.“

„Was denn für Dinge?“

„Wörter und Zahlen.“

„Und warum?“

„Weil ich Buchhalterin bin. Meine Kunden erwarten von mir, dass alles genaustens festgehalten wird. Vor allem die Einnahmen und Ausgaben.“

„In den ganzen Ordnern und Büchern sind also die Geschäftstätigkeiten deiner Kunden erfasst?“

„In den meisten, ja. Einige sind aber auch von mir.“ Sie deutete zu dem Regal hinter ihm. „Dort stehen meine Privatsachen.“

Er drehte sich um und bestaunte das große, prall gefüllte Regal.

„So viele Ausgaben hast du?“

„Nicht nur Ausgaben. Ich schreibe auch alles andere auf.“

„Alles andere?“

Die Frau ließ genervt die Feder fallen und stieß einen langen Seufzer aus.

„Ja, alles was ich mache. Geld, das ich verdiene und ausgebe, Termine und Treffen, Arztbesuche, gute und schlechte Nachrichten, Feiertage, Geburtstage und auch, wenn jemand stirbt. Und dann noch die täglichen Dinge: Was ich esse und wie viel ich trinke, wie lange ich arbeite, wer mich besucht und wie draußen das Wetter ist. Eben alles, was in meinem Leben und um mich herum passiert."

Der kleine Buddha guckte sie leicht verwirrt an. Doch noch bevor er fragen konnte, warum sie alles notierte und ob sie überhaupt noch Zeit zum Schlafen fand, griff die Buchhalterin wieder nach ihrer Schreibfeder und warf ihm einen ungeduldigen Blick zu.

„Also, was willst du?"

„Dein Neffe hat mich gebeten, mit dir zusammen zu meditieren."

„Meditieren? Was soll das denn sein?"

„In Stille sitzen."

Die Buchhalterin schüttelte verärgert den Kopf.

„Meint ihr eigentlich, dass ich nichts anderes zu tun hätte? Guck dich doch mal hier um, von alleine füllen sich die Ordner bestimmt nicht. In Stille sitzen …", murmelte sie leise vor sich hin und schüttelte dabei erneut den Kopf.

„Es dauert auch nicht lange", versuchte er sie zu überreden.

„Mir ist es egal, wie lange es dauert", erwiderte die Frau. „Ich habe für so etwas keine Zeit."

Zwecklos, dachte der kleine Buddha. Dabei war es wirklich schade, dass sie es nicht wenigstens einmal probieren wollte. Er konnte verstehen, dass es manchmal

Dinge gab, die Vorrang hatten, und dass es ein Leichtes war, die eigene begrenzte Zeit mit sinnlosen Tätigkeiten zu verschwenden. Aber selbst wenn Meditation vielleicht nicht immer absoluten Vorrang hatte, so wusste er doch eines ganz genau: Nie empfand er es als Zeitverschwendung, in Stille zu sitzen. Im Gegenteil: Er hatte das Gefühl, dass die Zeit beim Meditieren noch kostbarer wurde. Jeder bewusst gelebte Moment wurde zu einem Geschenk, das sein Leben bereicherte.

Aber er konnte natürlich niemanden zwingen, dieses Geschenk anzunehmen. Er wollte auch niemanden belästigen, schon gar nicht eine Buchhalterin, die wichtige Dinge zu erledigen hatte. Und dennoch: Wenn es schon mit der Meditation nicht klappte, dann wollte er doch wenigstens herausfinden, warum sie sich so viele detaillierte Notizen über die Ereignisse in ihrem Leben machte.

„Warum schreibst du denn alles auf?", fragte er voller Neugierde.

Die Buchhalterin hatte schon längst wieder ihre Arbeit fortgesetzt. Sie hatte weder Interesse an Meditation, noch an einem unnötigen Gespräch mit einem Fremden. Da der kleine Buddha aber keine Anstalten machte, zu gehen, hoffte sie, dass sie ihn schneller loswerden würde, wenn sie einfach seine Frage beantworten würde.

„Nur, wenn ich alles sorgfältig dokumentiere, kann ich sicher sein, dass ich nichts vergesse."

„Wäre es denn schlimm, wenn du etwas vergisst?"

„Oh ja, das wäre es! Ich würde die Kontrolle verlieren."

„Die Kontrolle? Über was?"

„Über die Zeit! Wenn ich mich nicht mehr erinnern würde, was ich wann gemacht habe und welche Aufgaben anstehen, dann würde sich die Vergangenheit in meinem Gedächtnis auflösen und die Zukunft wäre noch ungewisser, als sie ohnehin schon ist. Deswegen schreibe ich alles auf, mit Datum und Ort und allen Einzelheiten."

„Aber", begann der kleine Buddha, doch die Frau unterbrach ihn sofort.

„Sonst noch was?"

„Ja." Er wollte es nicht dabei belassen. „Genau aus diesem Grund lohnt es sich, zu meditieren. Denn beim Meditieren schenkst du alle Aufmerksamkeit der Gegenwart. Vergangenheit und Zukunft werden immer unwichtiger, je länger und öfter du in Stille sitzt."

Die Buchhalterin dachte kurz nach.

„Bei der Zukunft gebe ich dir recht. Sie ist in der Tat schwer zu kontrollieren und daher ist es wohl besser, nicht zu viel über sie zu grübeln. Aber die Vergangenheit kann ich sehr wohl kontrollieren – indem ich das Vergessen besiege!"

„Aber du kannst doch das Vergessen gar nicht besiegen."

„Doch! Wenn ich alles aufschreibe und archiviere, kann ich das sehr wohl. In den Ordnern hinter dir findest du den Beweis. Dort steht alles, was in meinem Leben passiert ist."

Der kleine Buddha war allerdings an den Ordnern überhaupt nicht interessiert. Er wollte viel lieber zum eigentlichen Kern des Problems vorstoßen.

„Was glaubst du denn, was passieren würde, wenn du etwas vergessen würdest?"

Sie legte die Feder ab und starrte vor sich ins Nichts.

„Ein Teil meines Lebens würde sich auflösen. Die Zeit hätte ein Loch und die Leere dieses Loches macht mir Angst. Was, wenn sich die Leere ausbreitet? Ich würde zurückblicken und nichts sehen, so, als hätte die Vergangenheit nie existiert."

Der kleine Buddha runzelte die Stirn.

„Aber warum solltest du alles vergessen? An manche Dinge wirst du dich bestimmt immer erinnern."

Die Buchhalterin drehte sich langsam zu ihm und das erste Mal sah er nicht mehr ein von Kontrolle besessenes Gesicht, sondern den Menschen, der hinter dieser Maske lebte. Ein Mensch, der verzweifelt war und Angst hatte.

„Und wenn nicht? Was, wenn es eines Tages statt Erinnerungen nur noch Leere in meinem Kopf gibt?"

„Ich glaube wirklich nicht, dass das passieren wird", sagte der kleine Buddha, der sich nicht vorstellen konnte, wie alle Gedanken an die Vergangenheit verschwinden sollten. Manchmal wünschte er sich, dass es möglich wäre, damit er noch mehr Zeit in der Gegenwart verbringen könnte. Aber es war nicht möglich. „Alle Menschen haben Erinnerungen. Einige davon vergessen wir, aber das ist völlig normal."

„Ich habe aber den Eindruck, dass ich viel mehr vergesse als andere Leute. Folglich ist es besser, wenn ich alles auf Papier festhalte. Nur so fühle ich mich sicher."

Der kleine Buddha zögerte einen Moment. Das mit der Sicherheit war leider eine Illusion, das hatte er bereits auf seiner letzten Reise gelernt. Alles vergeht: Gedanken, Gefühle, das Glück und auch das Leben der Menschen. Und die Zeit sowieso. Sollte er sie darauf hinweisen? Oder besser nicht?

Er entschloss sich, es vorsichtig zu versuchen.

„Ich will dir nicht noch mehr Angst machen, aber was ist, wenn hier ein Feuer ausbricht und alle deine Notizen verbrennen? Diese Gefahr besteht doch trotzdem."

„Das weiß ich", entgegnete die Buchhalterin unbeeindruckt. „Deswegen habe ich vorsorglich die wichtigsten Dokumente abgeschrieben und an einem anderen Ort gelagert."

Der kleine Buddha bezweifelte, dass sie ihr Gefühl von Unsicherheit auf diese Weise überwinden würde, schließlich konnte das zweite Haus auch abbrennen. Aber es ergab wohl keinen Sinn, das Gespräch in dieser Richtung weiterzuführen. Womöglich würde er sie ermutigen, auch noch eine dritte und vierte Lagerstätte einzurichten.

Er dachte nach. Vielleicht war die Frau einfach zu sehr in ihrem Kopf gefangen. Viele der Menschen, die den kleinen Buddha unter seinem Bodhi-Baum aufsuchten und ihn um Rat fragten, hatten ebenfalls mit Ängsten zu kämpfen, die von penetranten, pessimistischen Gedanken verursacht wurden. Meistens war es in solchen Fällen hilfreich, dem Geist eine kleine Pause zu gönnen.

„Vielleicht hast du recht, vielleicht können wir unsere gesamten Erinnerungen vergessen. Allerdings nur im Kopf." Er hielt kurz inne. „Es gibt einen anderen Ort, an dem alle Erinnerungen sicher sind, und zwar im Herzen. Denn was das Herz einmal fühlt, vergisst es nie wieder."

Die Buchhalterin sah ihn mit einer Mischung aus Spott und Entsetzen an.

„Im Herzen?"

Mit einem Mal hatte sie wieder ihre verkopfte Kontrollmaske auf.

„Und was denkst du, was ich machen soll? Mit meinem Herzen sprechen? Ihm zuhören, wie es mir Geschichten aus der Vergangenheit erzählt?" Sie lachte laut, dann schüttelte sie einmal mehr den Kopf und nahm ihre Feder zurück in die Hand. „Nein, Herzen können nicht sprechen und Erinnerungen haben sie auch nicht. So, und jetzt lass mich bitte in Ruhe, ich muss weiterarbeiten."

Der kleine Buddha ließ ein wenig enttäuscht die Schultern sacken. Er war dem Wunsch des Lehrers nachgekommen und hatte es versucht, aber leider hatte es nicht geklappt. Ihm blieb also nichts anderes übrig, als nun wenigstens die Bitte der Buchhalterin zu erfüllen und sie in Ruhe zu lassen. Er erhob sich von seinem Stuhl, lächelte freundlich und verabschiedete sich.

Kurz bevor er die Tür erreichte, drehte er sich noch einmal um. Durch den Spalt zwischen den Ordnern betrachtete er die Frau, die ihre volle Aufmerksamkeit wieder den Papierstapeln auf ihrem Schreibtisch gewidmet hatte. Sie tat dem kleinen Buddha leid. Wie sollte sie je glücklich werden, wenn sie nicht an die Sprache des Herzens glaubte? Wie sollte sie mit Freude das Leben genießen, wenn sie alle Kraft in das Festhalten von vergänglichen Gedanken steckte? Die Zeit kontrollieren wollen, indem das Vergessen bekämpft wird; etwas festhalten, das niemand festhalten kann – es war so schrecklich sinnlos, dachte er. Sinnlos und deprimierend.

Der Lehrer hatte recht gehabt: Besonders einem Menschen wie ihr würde es gut tun, ab und zu in Stille zu sitzen. Mit dem Herzen in Kontakt zu treten, ihm zu lauschen und zu lernen, ihm zu vertrauen. Für eine Weile die Gedanken frei umherziehen zu lassen und zu entdecken, dass die Vergangenheit nicht gebraucht wird, um glücklich zu sein. Denn die Vergangenheit ist tot – Glück hingegen ist lebendig. Es kann weder gestern noch morgen existieren, sondern nur in diesem einen Moment.

Er gab ihr einen letzten mitfühlenden Blick und wünschte ihr, dass sie auf andere Weise ihre Ängste überkommen und Frieden finden würde. Dann ging er zur Tür hinaus und setzte seine Reise fort.

Die träumende Malerin

Laut dem Milchverkäufer war die große Stadt nur einen halben Tagesmarsch entfernt. Der kleine Buddha würde also noch am selben Abend ankommen, wenn er auf lange Pausen verzichten und sofort aufbrechen würde. Allerdings hatte er Zweifel, ob es wirklich eine gute Idee war, an seinem ursprünglichen Ziel festzuhalten – etwas in seinem Inneren sträubte sich gegen die Massen und den Trubel, gegen das ach so schnelle Leben. Das Dorf des Lehrers und der Buchhalterin hatte bereits viel zu viel Hektik verbreitet, wie sollte es erst an einem Ort sein, der um ein vielfaches größer war? Vielleicht war es besser, einen kleinen Umweg zu machen und etwas Zeit in ruhigeren Gefilden zu verbringen. Er zögerte kurz, dann beschloss er, auf sein Bauchgefühl zu hören und nicht weiter nach Norden, sondern nach Osten zu reisen. Hinein ins Unbekannte! In die Stadt würde er noch früh genug kommen.

Er ließ das Dorf hinter sich und spazierte auf einem schmalen Weg an weiten Feldern entlang. Hier und da sah er einige Bauern, die damit beschäftigt waren, das verbliebene Getreide zu ernten. Vogelschwärme zogen hoch über ihm gen Süden und ein kräftiger Herbstwind trieb den Wechsel der Jahreszeiten voran.

Nach einer Weile verwandelten sich die Felder in eine hügelige Landschaft mit Wiesen, Sträuchern und vereinzelten, farbenfrohen Bäumen. Fernab der Bauernhöfe war der Weg nun nicht mehr so gut in Stand gehalten, überall lauerten Schlaglöcher und herumliegende Steine. Der kleine Buddha hatte seinen Blick die ganze Zeit auf den Boden gerichtet, um nicht zu stolpern oder gar zu stürzen. Während seine Augen den Pfad überwachten, schweiften seine Gedanken ab und er stellte sich all die Orte, Erfahrungen und Begegnungen vor, die irgendwo in der Zukunft auf ihn warteten. Sowohl wunderbare Erlebnisse als auch schwierige Situationen, glückliche Zeiten und auch traurige Momente. Er sah sich lachen und leiden, lächeln und weinen.

Ein wenig später fragte er sich dann allerdings, ob überhaupt irgendetwas auf ihn wartete. Vielleicht war die Zukunft in Wirklichkeit ein völlig leeres Blatt, ohne unsichtbare Schrift und geheimnisvolle Zeichen; kein Schicksal, dem er hilflos ausgesetzt war. Stattdessen war die einzige Tinte, die das Blatt füllen konnte, die Tinte der Entscheidung. Denn waren es nicht die Entscheidungen eines jeden Menschen, die das Leben formten? Kein vorbestimmter Flusslauf, sondern ein Meer aus unzähligen Möglichkeiten.

Plötzlich blieb er stehen. Vor lauter Grübelei und durch den konzentrierten Blick nach unten hatte er nicht bemerkt, dass die Sonne schon längst untergegangen war und es rasch dunkel wurde. Er schaute sich um und musste feststellen, dass er sich mitten im Nirgendwo befand. Weit und breit nur karge Hügel und vor ihm ein steiniger Weg ins Ungewisse. Wo sollte er hier einen sicheren Unterschlupf für die Nacht finden? Für einen Moment ließ er sorgenvoll die schweren Schultern hängen. Dann schaute er sich ein weiteres Mal um und schon im nächsten Moment kehrte aus dem Nichts die Leichtigkeit zurück. Die Hügel, die ihn umgaben, würden ihn vor dem Wind schützen und der kurvige Weg ins Ungewisse war weitaus besser, als eine gerade Straße, dessen Ende schon am Anfang zu erkennen ist. Ein Leben ohne Überraschungen, wer wollte das schon?

Der kleine Buddha lächelte zufrieden. Dann ging er ein paar Schritte vom Pfad weg, breitete seine Decke zwischen zwei flachen Felsen aus und machte es sich in seinem Nachtlager bequem.

Am nächsten Morgen wachte er früher auf als sonst, noch lange vor den ersten Sonnenstrahlen. Nicht wegen des harten Untergrunds, an den er ja gewöhnt war, sondern wegen der Kälte, die über das Land hereingefallen war. Der Winter war bereits viel näher, als er gedacht hatte. Er bibberte am ganzen Leib und erhob sich, um seine durchgefrorenen Glieder mit einem kleinen Spaziergang aufzuwärmen. Doch kaum stand er, folgte die nächste Überraschung: Obwohl es nicht mehr völlig dunkel war, konnte er kaum die Hand vor Augen sehen. Er drehte sich mehrmals um die eigene Achse, aber egal, in welche Richtung er blickte, überall herrschte das gleiche Bild: Eine undurchdringliche, grau-weiße Suppe umgab ihn, als wäre er mitten in einer Wolke gefangen. Wie seltsam, dachte er, denn die Gegend war doch eigentlich völlig trocken. Wo war bloß dieser dichte Nebel herkommen?

Der kleine Buddha überlegte, was er tun sollte. Am vernünftigsten wäre es wahrscheinlich, wenn er sich wieder hinlegen und warten würde, bis die Sonne die Nebelschwaden vertrieb. Das Problem war jedoch, dass ihm viel zu kalt war, um sich wieder hinzulegen. Nein, er musste sich bewegen, so schnell und so viel wie möglich. Er packte also die Decke in seine Tasche und tastete sich mit ganz langsamen Schritten bis zum Wegesrand vor. Dort angekommen, ging er vorsichtig in dieselbe Richtung weiter, in die er bereits am Vortag gegangen war. Jedenfalls dachte er das. In Wahrheit hatte er den Weg bereits nach wenigen Metern verlassen und schlich wie ein Blinder durch unbekanntes Terrain. Erst, als er kopfüber in einem Busch landete, wurde ihm bewusst, dass er sich schon längst verlaufen hatte. Mit etwas Mühe befreite er sich wieder aus dem Gestrüpp und blieb einen Moment stehen. Er hätte zum Aufwärmen besser auf der Stelle springen sollen, anstatt orientierungslos umherzuirren. Leicht verärgert schüttelte er den Kopf, aber er konnte natürlich nichts mehr daran ändern. Immerhin war ihm nun nicht mehr kalt und somit beschloss er, sich neben dem Busch niederzulassen und zu warten, bis die Sicht besser wurde.

Eine ganze Weile hockte er regungslos in Stille. Es wurde zwar allmählich heller, aber der Nebel war weiterhin genauso undurchdringlich wie zuvor. Dann hörte er auf einmal in der Ferne ein leises Singen. Zuerst vermutete er, dass er sich den Gesang nur einbildete, doch auch nachdem er sich einige Male in die Ohren gekniffen hatte, war die mysteriöse Stimme immer noch zu hören. Als sich ein wenig später der Nebel endlich aufzulösen begann, spazierte er neugierig in die Richtung, aus der die Laute kamen. Es ging etwas bergab und dann spürte er plötzlich, wie seine Füße Wasser berührten. Unter der dicken Wolkenschicht konnte er die glatte Oberfläche eines Sees erkennen – somit war wenigstens geklärt, wo der Nebel hergekommen war.

Er ging mit leisen Schritten am Ufer entlang und lauschte, doch die Stimme war mittlerweile verstummt. Enttäuscht wollte er schon wieder umkehren, als ein merkwürdiges Holzgestell vor ihm auftauchte. Er näherte sich an und sah, dass es sich um eine Staffelei handelte, auf der ein halbfertiges Bild thronte. Neben der Staffelei standen ein kleiner Eimer mit Pinseln und einige Gläser mit verschiedenen Farben. Leicht verwirrt schaute er sich erneut um, doch der Nebel war immer noch zu dicht, um weiter als ein paar Meter sehen zu können. Dann hörte er auf einmal ein Plätschern und kurz darauf kam eine Frau aus dem See und direkt auf ihn zu. Mit offenem Mund starrte er sie an – sie war völlig nackt!

„Würde es dir etwas ausmachen, dich umzudrehen?“, sagte sie freundlich, aber bestimmt.

Sofort wandte sich der kleine Buddha zur Seite. Er hatte nicht respektlos sein wollen, sondern war einfach überrascht gewesen. Wie hätte er ahnen sollen, dass mitten aus dem Nirgendwo eine nackte Frau auftauchen würde? Er starrte auf den sandigen Boden und wartete geduldig.

„So, jetzt kannst du wieder gucken“, sagte die Frau. Sie hatte ein langes weißes Kleid angezogen und lächelte den unerwarteten Eindringling an.

„Was machst du denn hier schon so früh am Morgen?“

„Ich habe mich im Nebel verlaufen. Tut mir leid, dass ich dich gestört habe.“

„Kein Problem. Der See ist ja schließlich nicht mein Eigentum, hier kann jeder herkommen, wann er will.“

Sie lächelte erneut und steckte ihre schwarzen Haare hoch. Dann nahm sie zwei kleine Tonschalen, ging zum Ufer und füllte sie mit Wasser. Als sie zurückkam, stellte sie die Schalen auf eine Ablage an der Staffelei, suchte sich einen Pinsel und zwei der Farbtöpfe aus und mischte auf einem flachen Holzbrett ein helles Grün. Anschließend begann sie, mit geschwungenen Strichen den unteren Rand des Bildes auszumalen.

Der kleine Buddha schaute fasziniert zu. Immer wieder ließ er seinen Blick zwischen der Frau, der Leinwand und dem See hin und herwandern. Der Nebel hatte sich mittlerweile fast vollständig aufgelöst, nur noch an einigen wenigen Stellen lag eine dünne Schicht über der Wasseroberfläche. Er konnte somit den herrlichen Ort bewundern, an den er sich verirrt hatte: Ein tiefblauer See, umgeben von bunten Bäumen, hellem Sand und grünen Wiesen. Es war wie eine Art Oase inmitten der ansonsten trostlosen Landschaft.

Die Malerin arbeitete hoch konzentriert an ihrem Bild. Jeder Pinselstrich schien genau einstudiert, jeder noch so kleine Farbtupfer schien genau dort zu landen, wo er hingehörte. Und doch wirkte sie in keinster Weise angespannt. Im Gegenteil: Scheinbar schwerelos ließ sie den Pinsel über die Leinwand wandern und ihr sorgenfreies Gesicht verbreitete dabei eine angenehme Ruhe. Das weiße, leicht im Wind wehende Kleid, die schwarzen, glänzenden Haare und die tanzenden Bewegungen ihrer Hände verliehen ihr die Erscheinung einer magischen Fee, die mühelos zwischen Traum und Realität hin- und herschwebte.

„Malst du oft hier?", fragte er nach einer Weile.

„Ja, fast jeden Tag. Meistens komme ich früh morgens und bleibe bis zum letzten Sonnenlicht. Entweder bin ich hier am Ufer oder drüben auf der Wiese und manchmal stehe ich auch bis zu den Knien im Wasser – immer mit einem Pinsel in der Hand!" Sie drehte sich kurz zur Seite und zwinkerte ihm zu. „Ich habe großes Glück gehabt, denn mein Arbeitsplatz ist gleichzeitig auch mein Lieblingsort."

„Du malst also Bilder, um sie zu verkaufen?"

„Nein, ich male Bilder, weil es mir Spaß macht. Manche verkaufe ich, einige verschenke ich und ab und zu behalte ich auch eins."

Der kleine Buddha merkte, wie seine Beine nach einer Pause verlangten. Er legte seine Tasche ab und setzte sich neben die Frau auf den Boden.

„Und wie bist du Malerin geworden?", wollte er wissen.

Sie zuckte mit den Schultern.

„Eines Tages habe ich einfach angefangen. Zuerst nur an meinen freien Tagen, da ich früher eine andere Arbeit hatte. Aber weil mir das Malen so große Freude bereitet hat, wurde es immer mehr und irgendwann haben mir dann ein paar Freunde geholfen, die ersten Bilder zu verkaufen. Und jetzt mache ich nichts anderes mehr!"

Ein vergnügtes Lächeln huschte über ihr Gesicht. Schon lange hatte der kleine Buddha niemanden mehr getroffen, der so viel Glück ausstrahlte. Ob alle Menschen wohl so glücklich wären, wenn sie eine Arbeit hätten, die sie wahrhaftig liebten?

„Natürlich ist es schön und wunderbar, dass andere Leute meine Bilder mögen und sie kaufen", fuhr die Frau fort. „Aber letzten Endes mache ich das, was ich mache, nicht wegen der Bilder, sondern wegen des Malens an sich. Es macht mir Spaß, mit den Farben zu spielen und meiner Fantasie freien Lauf zu lassen. Mich voll und ganz dem jeweiligen Moment hinzugeben und zu beobachten, wie sich ein leeres Blatt langsam mit Leben füllt. Die Bilder, die dabei entstehen, sind für mich eher nebensächlich."

Sie nahm die Schalen und ging zum See, um sauberes Wasser zu holen. Der kleine Buddha musste ans Meditieren denken. Manchmal fühlte er am Ende einer Meditation tiefen Frieden oder neue Kraft, aber weder Frieden noch Kraft waren die Gründe, warum er meditierte. Es ging ihm darum, in Stille zu sitzen, mehr nicht. Ähnlich wie die Malerin verfolgte er kein Ziel, sondern ließ sich einfach im Jetzt treiben.

„Außerdem hilft mir das Malen, das Leben mit anderen Augen zu sehen", sagte die Frau, als sie wieder zurück war. „Es ist, als würde mir der Pinsel eine andere Perspektive auf die Welt zeigen – eine Welt, in der Realität und Fantasie miteinander verschwimmen. Ein Stein, den ich schon hundert Mal gesehen habe, sieht plötzlich aus wie ein zauberhaftes Wesen; starre Bäume beginnen zu leben, trübes Wasser wird zu einem mystischen Spiegel und graue Wolken verwandeln den monotonen Himmel in ein aufregendes Kunstwerk."

Der kleine Buddha bekam immer mehr Lust, sich einen Pinsel zu schnappen und ebenfalls drauflos zu malen.

„Du hast nicht zufällig noch eine leere Leinwand, oder?"

Die Malerin schmunzelte, als hätte sie auf diese Frage gewartet. Dann deutete sie auf einen nahen Baum.

„Da vorne stehen ganze viele. Bediene dich einfach. Farben, Pinsel und eine zweite Staffelei findest du dort auch."

Begeistert sprang er auf, ging hinüber und deckte sich mit dem notwendigen Material ein. Als er bereits alles beisammen hatte, hielt er kurz inne. Er hatte schon einige Male Zeichnungen auf einem Stück Papier gemacht, aber noch nie auf einer richtig großen Fläche gemalt. Also lehnte er die kleine Leinwand, die er ausgesucht hatte, wieder gegen den Stamm und tauschte sie gegen die größte, die er finden konnte.

Zurück am Ufer positionierte er die Staffelei neben der Frau, holte Wasser und nahm einen Pinsel in die Hand. Dann starrte er auf die weiße Leinwand. Es war wie mit der Zukunft: Er musste entscheiden, womit er sie füllen wollte.

Doch wie sollte er eine solch wichtige Entscheidung treffen? Wie konnte er sich sicher sein, dass er den richtigen Weg einschlug? Erst wollte er einen Baum malen, dann einen Berg, dann eine Blume. Egal, an was er dachte, schon bald kamen Zweifel auf und diese Zweifel lähmten ihn noch mehr. Je länger er auf das leere Blatt starrte, desto weniger wusste er, wie er anfangen sollte.

„Zu Beginn können die unbegrenzten Möglichkeiten sogar Schwindelgefühle auslösen", sagte die Malerin. Ihr war die Ratlosigkeit des kleinen Buddhas nicht entgangen. „Aber keine Angst, du bist nicht der einzige, dem die Leere zu schaffen macht. Wenn du keine klare Idee hast, was du malen willst, dann fang einfach mit einem beliebigen Strich an."

„Und dann?", fragte er.

„Dann machst du einen weiteren Strich. Lass die Farben sprechen und übergib die Kontrolle deinen Händen.

„Und wenn ich nicht mag, was meine Hände malen?"

Die Frau zuckte gleichmütig mit den Schultern.

„Das kann passieren, ja. Aber bevor du anfängst, weißt du es nicht. Und wenn du wirklich überhaupt nicht mögen solltest, wo dich deine Hände hinführen, dann änderst du eben die Richtung."

Also gut, dachte der kleine Buddha. Er tunkte den Pinsel in einen blauen Farbtopf und zog einen langen Strich quer über die Leinwand. Anschließend machte er einen Schritt zurück und betrachtete mit einiger Skepsis seinen mühevollen Anfang.

„Nicht denken – einfach malen!", hörte er die Frau sagen.

Die Worte kamen ihm bekannt vor. Noch vor wenigen Tagen hatte er dem Lehrer einen ähnlichen Rat gegeben, als sie gemeinsam meditiert hatten. ‚Einfach sitzen – sonst nichts.' Leider war das leichter gesagt, als getan. Dann hatte er aber auf einmal einen rettenden Gedanken: Wenn Malen so ähnlich wie Meditieren ist, hilft es bestimmt, die Aufmerksamkeit auf den eigenen Atem zu lenken. Nicht zu kontrollieren, sondern einfach zu beobachten.

Bald folgte ein zweiter Strich, dann ein dritter und schließlich nahm er eine neue Farbe und begann, rote

Punkte zu malen. Er war weiterhin skeptisch, versuchte aber, das entstehende Bild nicht allzu sehr zu bewerten. Nach und nach ließ er von der gängigen Vorstellung los, einen Plan haben und etwas Besonderes schaffen zu müssen. Inspiriert von der Malerin, ließ er seine Hände tanzen und erlaubte den Farben, sich frei zu entfalten. Und je länger er dort stand und die Leinwand mit Strichen und Punkten füllte, desto mehr Gefallen fand er daran, nicht zu wissen, was er eigentlich malte. Ab und zu verbesserte er zwar etwas oder änderte die Farbe, aber er ärgerte sich nicht über kleine Fehler und hielt auch nicht an Zweifeln fest. Er traf vereinzelte Entscheidungen, ließ sich aber gleichzeitig treiben. Es war eine Symbiose aus Geduld und Tatendrang, ein harmonisches Spiel zwischen bewusster Handlung und bedingungslosem Vertrauen. Er malte und atmete und gestaltete so die unbekannte Zukunft – von Strich zu Strich und Moment zu Moment.

Der kleine Buddha blieb zwei ganze Wochen bei der Malerin. Die Abende verbrachten sie in ihrer bescheidenen Hütte, die einen kurzen Fußmarsch entfernt in der Nähe von einem Dorf lag. Sie kochten und aßen zusammen und wurden gute Freunde, und nachts schliefen sie so tief und fest wie kleine Kinder. Tagsüber waren sie fast immer am See und malten. Ab und zu unterhielten sie sich ein bisschen und manchmal sangen sie gemeinsam ein schönes Lied. Meistens schwiegen sie allerdings und lauschten der Natur und den leisen Stimmen in ihrem Inneren. Denn ein gutes Bild, so hatte die Frau erklärt, entsteht nicht im Kopf, sondern im Herzen.

Während seines Aufenthalts am See arbeitete der kleine Buddha stets auf derselben Leinwand. Die Malerin hatte ihm angeboten, dass er sich jederzeit eine neue nehmen könnte, aber er hatte dankend abgelehnt. Des Öfteren übermalte er einige Stellen und nach und nach fügte er immer mehr Details hinzu. Das Wichtigste war, dass ihm das Malen riesigen Spaß machte, und zum Malen brauchte er keine neue Leinwand. Er genoss es, zu beobachten, wie sich das Bild immer wieder veränderte, er entdeckte ständig neue künstlerische Möglichkeiten und verlor sich voll und ganz in seiner Tätigkeit.

Schließlich kam dann aber doch der Tag, an dem er kurz davor war, sein Werk zu beenden.

„Am liebsten würde ich gar nicht mehr aufhören“, sagte er. „Denn beim Malen kommt es mir vor, als würde sich die Zeit auflösen. Als würde sie verfliegen, wie der Nebel an einem sonnigen Morgen. Es ist ein unbeschreibliches Gefühl, so friedlich und unbeschwert.“

Die Malerin nickte zustimmend. Sie kannte dieses Gefühl nur allzu gut. Womöglich war es sogar der wahre Grund, warum sie ihre Arbeit so liebte.

„Weißt du, warum das so ist?“

„Was?"

Der kleine Buddha war schon wieder in seinem Bild versunken.

„Dass es sich anfühlt, als würde sich die Zeit auflösen."

Er drehte sich zur Seite und schaute sie neugierig an.

„Nein. Warum ist es so?"

„Weil du beim Malen mit der Zeit verschmilzt. Du wirst eins mit ihr! Wie ein Tropfen Wasser, der in einen Fluss fällt und für eine Weile mit allem Wasser verbunden ist."

Ja, er wusste genau, was sie meinte.

„Und wenn du mit der Zeit eins bist", fuhr sie fort, „gibt es keinen Anfang und kein Ende mehr. Die Zeit wird auf einmal grenzenlos, so wie der Himmel."

Der kleine Buddha musste an die Buchhalterin denken. Wie schade es doch war, dass sie wohl nie in den Genuss kommen würde, dieses einzigartige Gefühl der Zeitlosigkeit zu erleben. Sie war viel zu beschäftigt und würde wahrscheinlich weiterhin versuchen, die Zeit von außen zu kontrollieren, anstatt sich von innen mit ihr zusammenzuschließen.

„Weißt du", sagte die Malerin, „mit dem Pinsel in der Hand fühle ich mich manchmal wie in einem Traum, in dem ich frei wie ein Vogel durch die Zeit fliege."

Während der kleine Buddha den letzten Farbtupfer auf sein Bild setzte, begann auch er zu träumen.

„Wie ein Vogel durch die Zeit fliegen … Glaubst du, dass es wirklich möglich ist, durch die Zeit zu reisen?"

Seine neu gewonnene Freundin schmunzelte einmal mehr.

„Lass mich dir als Antwort eine Geschichte erzählen."

Ein alter, weiser Meister saß mit einer Gruppe von Schülern zusammen.

„Ich möchte in die Vergangenheit reisen", sagte einer von ihnen. „Geht das?"

„Nein, das geht nicht", antwortete der alte Meister. „Die Vergangenheit ist längst vorbei und existiert nur noch in euren Gedanken."

„Und was ist mit der Zukunft?", fragte ein anderer. „Kann ich dorthin reisen?"

„Nein, das geht ebenfalls nicht", sagte der Meister. „Die Zukunft ist noch nicht passiert und existiert auch nur in euren Gedanken."

„Und was ist, wenn ich in die Gegenwart reisen will?" fragte schließlich ein dritter Schüler.

Der Meister lächelte. Von allen Fragen war es seine Lieblingsfrage.

„Ja, im Gegensatz zur Vergangenheit und Zukunft gibt es die Gegenwart tatsächlich, sie existiert also nicht nur in euren Gedanken." Er hielt inne und schaute in gebannte Gesichter. „Aber auch in die Gegenwart könnt ihr nicht reisen. Denn wie wollt ihr an einen Ort reisen, an dem ihr schon längst seid?"

Der gierige Goldgräber

Die zwei Wochen am See waren wunderbar gewesen, doch jede noch so schöne Zeit ging irgendwann zu Ende. Die Malerin hatte ihm von einem ungewöhnlichen Berg erzählt, der nur zwei Tagesmärsche entfernt war und dessen Gipfel das ganze Jahr über von Schnee bedeckt war. Der kleine Buddha hatte zwar schon viele kalte Winternächte erlebt und aus der Ferne hatte er auch schon die weißen Spitzen des großen Gebirges gesehen, aber er hatte noch nie mit den eigenen Händen Schnee angefasst. Da der Gipfel dieses ungewöhnlichen Berges nicht zu hoch lag und angeblich relativ einfach zu Fuß erreicht werden konnte, wollte er seine Reise dorthin fortsetzen. An einem sonnigen Morgen packte er also etwas Proviant in seine Tasche und verabschiedete sich von seiner Gastgeberin, die ihm die traumhafte Kunst des Malens näher gebracht hatte. Er war bereits einige Schritte unterwegs, da rief sie ihm hinterher.

„Warte! Du hast etwas vergessen."

Der kleine Buddha drehte sich überrascht um. Er fasste nach seiner Tasche und ertastete sowohl seine Decke als auch seine Wasserflasche. Was sollte er vergessen haben? Dann sah er, wie sie auf ihn zukam und das Bild, das er gemalt hatte, vor sich in die Höhe hielt.

„Aber was soll ich denn damit machen?", fragte er.

„Das musst du selbst entscheiden. Es ist dein Bild."

„Und wie soll ich es auf meiner Reise mitnehmen?"

Das Bild war fast so groß wie er, in die Tasche würde es auf keinen Fall passen.

„Trage es einfach. Es ist ganz leicht."

Er zögerte. Eigentlich hatte er keine Lust auf zusätzliches Gepäck, aber die Malerin hatte wahrscheinlich auch keine Lust, es zu verwahren. Sie hatte bereits genügend Bilder und keine andere Verwendung für sein Kunstwerk. Er selbst mochte zwar, was er gemalt hatte, aber bei ehrlicher Betrachtung musste er zugeben, dass es zum Verkaufen wohl nicht taugte.

„Also gut", sagte er schließlich und nahm ihr das Bild ab. „Danke!"

Immerhin hatte er auf diese Weise eine schöne Erinnerung an seine Zeit am See, dachte er. Dann lächelte er ihr noch einmal zu und spazierte davon.

Noch am selben Vormittag erreichte er eine Brücke, die über den Fluss führte, an dem er auf seiner letzten Reise gewesen war. Damals war er am Ufer entlang bis zur Mündung am Meer gelaufen. Dieses Mal überquerte er den Fluss zum ersten Mal und stieß somit in völlig unbekanntes Terrain vor.

Die Landschaft wurde grüner und auch viel hügeliger, und schon bald bereute er, dass er das Bild mitgenommen hatte. Er war es nicht gewohnt, mit so viel Gepäck zu reisen. Wenn er doch wenigstens eine kleine Leinwand gewählt hätte, dachte er, dann wäre es nicht so schlimm gewesen. Aber nein, er hatte die größte nehmen müssen, die es gab. Nun musste er diese riesige und vor allem sehr unhandliche Erinnerung mit sich herumschleppen.

Je länger er unterwegs war, desto mehr nervte ihn sein neues Gepäckstück und er sehnte sich danach, es endlich abstellen zu können. Er begann, nicht mehr mit Freude jeden einzelnen Schritt zu genießen, sondern sich zu wünschen, schnell irgendwo anzukommen. Und mit diesem Wunsch kehrte auch die innere Hast zurück, von der er geglaubt hatte, dass er sie längst hinter sich gelassen habe. Er marschierte, so schnell er konnte, und stolperte einige Male, sodass er sich über sich selbst ärgerte. Seine Gedanken kreisten nicht mehr in der Gegenwart, sondern rasten in die Zukunft, an einen Ort, an dem er wieder zur Ruhe kommen würde. Doch dieser Ort war womöglich noch weit entfernt und dadurch wurde seine Hast immer unerträglicher. Er überlegte, eine Pause einzulegen und etwas zu meditieren, aber er fühlte sich zu aufgebracht, um in Stille zu sitzen. So sehr er das Meditieren schätzte, es war nicht immer die beste Lösung für alle Probleme; immer im Hier und Jetzt zu sein, war ein völlig unrealistisches Unterfangen und unnötig war es obendrein. Er wollte einfach die Hast loswerden, die ihn überfallen hatte. Mehr nicht.

Während er mit pochendem Herzen weiterging, verfluchte er das große Bild und dachte sogar darüber nach, es einfach am Wegrand zurückzulassen. Dann erinnerte er sich aber auf einmal an die Begegnung mit dem humpelnden Förster – mit seinen langsamen Schritten hatte er es geschafft, den kleinen Buddha von seiner Hast zu befreien. Vielleicht war es der richtige Zeitpunkt, die Lektion des Försters selbst anzuwenden. Weder weiterrasen noch stehen bleiben, sondern einfach langsamer gehen.

Beim nächsten Schritt nahm er ein wenig das Tempo raus und beim übernächsten noch etwas mehr. Kurz darauf ging er so langsam, dass jeder normale Spaziergang im Vergleich dazu wie ein Wettrennen wirkte. Sein Herz beruhigte sich und sein Atem wurde wieder gleichmäßiger. Das Bild herumschleppen zu müssen war ihm zwar weiterhin lästig, aber nach und nach hörte er auf, sich darüber aufzuregen und dagegen anzukämpfen. Letzten Endes hatte er die Wahl: Wenn er unbedingt die überflüssige Last loswerden wollte, könnte er die Leinwand jederzeit an irgendeinen Baum stellen und ohne sie weiterziehen. Aber noch wollte er sich nicht von seinem Kunstwerk trennen, und vor allem nicht von der Erinnerung, die mit dem Bild verbunden war. Folglich blieb ihm nichts anderes übrig, als das Schleppen zu akzeptieren, denn Jammern machte alles nur schlimmer. Und während er all dies dachte und mit ruhigen Schritten den Weg entlangschlich, merkte er, dass die Hast langsam aber sicher wieder verschwand.

Am späten Nachmittag erreichte er einen Bach und hielt an, um seine Wasserflasche aufzufüllen. Der kleine Buddha wollte schon weitergehen, als er bachaufwärts in einiger Entfernung jemanden knöcheltief im Wasser stehen sah. Er ging etwas näher heran und erkannte einen Mann, der sich nach vorne gebückt hatte und irgendetwas zu suchen schien. Vom Ufer aus rief er zu ihm hinüber.

„Brauchst du Hilfe?"

Der Mann drehte sich leicht erschrocken um. Es war eine einsame Gegend, wahrscheinlich hatte er nicht damit gerechnet, dass eine andere Person hier auftauchen könnte.

„Was?", rief er zurück.

Der Bach war zwar nicht groß, hatte an dieser Stelle aber ein starkes Gefälle, sodass das Wasser tosend über die vielen Steine rauschte. Selbst aus wenigen Metern war es zu laut für eine Unterhaltung. Da der Mann nicht aufhörte, hoch konzentriert den Grund abzutasten, beschloss der kleine Buddha, zu ihm zu gehen. Er stellte das Bild und seine Tasche ab, nahm den unteren Teil seines Gewands in die Hand und stapfte vorsichtig bis zur Mitte des Baches.

„Soll ich dir helfen?", fragte er, als er den Mann erreicht hatte.

„Nein!", entgegnete dieser abweisend.

„Ich helfe gerne, wirklich."

„Ich brauche aber keine Hilfe."

„Aber du hast doch etwas verloren, oder?"

„Wieso soll ich etwas verloren haben?"

„Na weil du nach irgendetwas suchst."

Der Mann richtete seinen gekrümmten Rücken auf und wischte sich über die Stirn. Dann musterte er den kleinen Buddha, sah sein orangefarbenes Gewand und hinter ihm am Ufer das große Gemälde. Wahrscheinlich war er einer dieser Künstler, die nichts anderes zu tun hatten, als Menschen wie ihn von der Arbeit abzuhalten. Aber gut, besser ein Künstler, als ein Räuber.

„Ja, ich suche etwas. Gold!"

„Gold?"

„Ja, Gold. Aber sage es niemanden. Ganz in der Nähe von hier sind neulich zwei andere Goldgräber überfallen worden. Ich möchte nicht, dass mir dasselbe passiert."

Nein, der kleine Buddha hatte nicht vor, ihn zu überfallen. Wozu auch?

„Und warum suchst du nach Gold?"

„Weil Gold wertvoll ist. Es macht dich reich – reich und mächtig."

Der kleine Buddha fragte sich sogleich, warum der Mann reich und mächtig werden wollte. Aber eins nach dem anderen.

„Was ist denn das Besondere an Gold? Warum ist es so wertvoll?"

„Weil es unzerstörbar ist“, antwortete der Mann, während er sich wieder bückte und weiter unter der Wasseroberfläche wühlte. „Es kann nicht zertrümmert und auch nicht verbrannt werden. Außerdem gibt es auf der Erde nicht sehr viel davon. Je weniger von etwas existiert, desto wertvoller ist es.“

„Ich verstehe“, sagte der kleine Buddha, „so wie außergewöhnliche Momente. Von denen gibt es auch nicht viele und deswegen sind sie so kostbar.“

Der Goldgräber schüttelte irritiert den Kopf.

„Ganz ehrlich: Du vergeudest meine Zeit! Siehst du nicht, dass ich arbeite?“

Nun war es der kleine Buddha, der leicht erschrak. Eine Welle von Unfreundlichkeit kam ihm entgegengeschossen. Der Goldgräber würde sich bestimmt hervorragend mit der Buchhalterin verstehen, dachte er. Beide waren extrem mürrisch und arbeitssüchtig.

Er sah ein, dass er den Mann besser in Ruhe lassen sollte. Doch wie so oft hielt ihn seine Neugierde davon ab, sofort weiterzuziehen.

„Tut mir leid, ich gehe gleich. Ich habe nur noch eine Frage.“

Der Goldgräber seufzte und richtete sich erneut auf.

„Also gut. Was willst du wissen?“

„Warum möchtest du reich und mächtig sein?“

Einen Moment lang starrte ihn der Mann ungläubig an. Dann lachte er los, wobei sein Lachen eher gehässig als lustig klang.

„Was ist das denn für eine dumme Frage? Jeder will doch reich und mächtig sein."

„Ich nicht. Jedenfalls weiß ich nicht, wozu das gut sein sollte."

„Wenn du reich bist", erklärte der Goldgräber, „kannst du dir alles kaufen, was du willst. Große Häuser und teure Kutschen, edlen Schmuck und exotisches Essen. Wer würde das nicht wollen? Reichtum sorgt für Sicherheit und verschafft dir großes Ansehen. Und da sich auch die Menschen von Gold kaufen lassen, verleiht es dir unglaubliche Macht. Dann bist du wie ein König, der über sein Volk herrscht."

Ein rätselnder Blick flog ihm entgegen.

„Und wenn du irgendwann reich und mächtig bist, was dann?"

„Dann steht meinem Glück nichts mehr im Weg", sagte der Mann.

„Aha."

So richtig überzeugt war der kleine Buddha immer noch nicht. Aber wenn der Mann es sagte, dann war es vielleicht tatsächlich so. Er selbst war schließlich noch nie reich und mächtig gewesen, daher konnte er es nicht beurteilen.

„Und wie viel Gold musst du finden, um glücklich zu sein?"

„So viel wie möglich natürlich. Ich habe schon einen kleinen Schatz angehäuft, aber es reicht noch nicht. Ich brauche noch viel mehr!"

„Aber was ist, wenn du nie genug haben wirst?"

Der Goldgräber stutzte und schien nach einer Antwort zu suchen. Dann wich er der Frage aus, indem er dazu überging, den kleinen Buddha zu kritisieren.

„Du bist bestimmt einer von denen, die sich keine Gedanken um die Zukunft machen. Die keine Ziele haben und nicht vorsorgen, die am liebsten die ganze Zeit unbekümmert im Jetzt leben."

„Leider klappt das allerdings nicht immer", erwiderte der kleine Buddha, der die Kritik gar nicht als solche wahrgenommen hatte. „Aber du hast recht, ich versuche, mehr Zeit in der Gegenwart zu verbringen, als in der Zukunft."

Der Goldgräber schüttelte abermals den Kopf. Obwohl er das Gespräch als völlig sinnlos ansah, fühlte er, dass er seine Lebensphilosophie dem Fremden gegenüber rechtfertigen musste.

„Mit Gold kann ich nicht nur Dinge kaufen, sondern auch Zeit!"

„Wirklich?", staunte der kleine Buddha. Damit hatte er nicht gerechnet.

„Wenn ich eines Tages reich bin, muss ich nicht mehr arbeiten. Und wenn ich nicht mehr arbeiten muss, dann habe ich alle Zeit der Welt."

„Das stimmt", sagte der kleine Buddha. „Allerdings könnte es ein Problem geben."

„Ein Problem?"

„Ja. Was ist, wenn du stirbst, bevor du reich genug geworden bist? Dann könnte dir alles Gold der Welt keine neue Zeit kaufen."

Der Goldgräber starrte ihn sprachlos an und dabei wich die Farbe aus seinem Gesicht.

„Wäre es deshalb nicht besser, mit weniger Gold zufrieden zu sein und dafür jetzt schon in den Genuss von Zeitreichtum zu kommen?"

Für einige Momente dachte der Mann über die Worte des kleinen Buddhas nach. In der Tat, was wäre, wenn er früh sterben würde? Doch dann schüttelte er die Angst, die in seinem Inneren aufgestiegen war, wieder ab. Er hatte ein klares Ziel vor Augen – nichts und niemand würde ihn davon abhalten. Nicht der Tod, und schon gar nicht ein kleiner, neunmalkluger Künstler.

„In einigen Jahren werde ich viel mehr Zeit haben als du. Und wenn ich reich bin, kann ich mir außerdem die besten Ärzte leisten, das heißt, ich werde ganz alt werden." Trotzig wischte er sich ein weiteres Mal über die Stirn. „So, und jetzt lass mich in Ruhe!"

Der kleine Buddha nickte. Er würde ihn sowieso nicht davon überzeugen können, dass die ganze Sucherei vergeblich war. Ein bisschen Gold zu haben, konnte sicherlich hilfreich sein, aber warum musste es so viel sein? Der Goldgräber schien von einer schrecklichen Gier befallen zu sein, die wie laut schreiende, hungrige Geister seinen inneren Frieden störte. Er wollte immer mehr Dinge anhäufen – Dinge, die in Wirklichkeit völlig bedeutungslos waren. Denn bei einer Sache war sich der kleine Buddha ziemlich sicher: Eine Schatzkammer voll Gold, teure Häuser oder große Bilder können zwar kurzfristig etwas

Freude bereiten, aber das Besitzen dieser Dinge kann nicht glücklich machen.

Er ging einen Schritt zurück, dann hielt er inne.

„Eine letzte Frage."

„Was?", fuhr ihn der Goldgräber genervt an.

„Wie weit ist es noch zu dem außergewöhnlichen Berg, auf dem immer Schnee liegt?"

„Du meinst den Vulkan?"

Der kleine Buddha zuckte mit den Schultern.

„Kann sein."

„Also wenn du zum Vulkan willst, brauchst du ungefähr einen halben Tag. Wenn du zu einem anderen Berg willst, kann ich dir nicht helfen, denn einen anderen Berg gibt es hier nirgends."

Dann musste es wohl der Vulkan sein.

„Danke!", sagte der kleine Buddha und verabschiedete sich. „Viel Erfolg noch bei deiner Suche."

Der Goldgräber hörte ihm aber schon längst nicht mehr zu und wühlte wieder wie ein Wahnsinniger im Wasser. Voller Gier und Größenwahn, und wahrscheinlich auch deswegen völlig unglücklich.

Da der kalte Bach dem kleinen Buddha eisige Füße beschert hatte, war er gar nicht so traurig darüber, dass es keine lange Unterhaltung geworden war. Er stapfte zurück und war schon fast bei seiner Tasche und dem Bild angekommen, als er in Ufernähe etwas im flachen Wasser glänzen sah. Neugierig bückte er sich und hob einen kleinen Stein auf, der für seine Größe auffällig schwer war. Er trocknete ihn an seinem Gewand ab und begutachtete seinen Fund. Wenn ihn nicht alles täuschte, hatte er soeben ein Stück Gold gefunden.

Er fuhr herum und wollte nach dem Mann rufen, doch dann zögerte er. Unter normalen Umständen hätte er ihm das Goldstück gegeben, denn er selbst hatte daran wenig Interesse. Aber da der Goldgräber so unfreundlich gewesen war, beschloss der kleine Buddha, seinen Schatz zu behalten. Vielleicht würde sich eine Gelegenheit ergeben, etwas Sinnvolles damit anzustellen. Und alles erschien ihm Sinnvoller, als es jemandem zu geben, der sowieso nie genug kriegen würde.

Kurz darauf war er wieder unterwegs. Sein Reisegepäck bestand nun aus einer Umhängetasche, einer Decke, einer Wasserflasche, einer großen bemalten Leinwand und einem kleinen Stück Gold. Zufrieden summte er ein Lied und freute sich sogar ein wenig über seinen unerwarteten Reichtum. Allerdings konnte er sich nicht vorstellen, dass er seine kostbare, unersetzliche Zeit opfern würde, um nach glänzenden Steinchen zu suchen. Denn selbst wenn Gold tatsächlich unzerstörbar ist und dadurch einen zeitlosen Wert hat, so ist es doch völlig wertlos, verglichen mit der eigenen Zeit.

Der atmende Vulkan

Es war schon beinahe dunkel, als der kleine Buddha an einer verlassenen Hütte vorbeikam. Eigentlich hatte er sich bereits darauf eingestellt, im Freien zu schlafen, doch da am Abend immer mehr graue Wolken aufgezogen waren und es womöglich bald regnen würde, kam ihm der leere Holzverschlag gerade recht. Er stellte sein Gepäck in eine Ecke und ging zu einem nahe gelegenen Baum, um Blätter und etwas Moos als Schlafunterlage zu sammeln. Zurück in der Hütte beseitigte er mit einigen Zweigen die dicke Staubschicht vom Boden, richtete sein Nachtlager ein und aß etwas von dem leckeren Obst, das ihm die Malerin mitgegeben hatte. Dann lehnte er sich mit dem Rücken gegen die Wand, schloss die Augen und hörte zu, wie langsam die ersten Tropfen auf die Erde fielen.

Während draußen der leichte Regen das Land benässte, freute er sich, dass sowohl er selbst als auch sein großes Gemälde geschützt im Trockenen waren. In Gedanken ging er noch einmal die Begegnung mit dem Goldgräber durch. Es war ein komischer Kerl gewesen – besessen von dem Wunsch nach großem Reichtum, schien er völlig zu vergessen, sein Leben zu genießen. Er suchte nach Gold, um alles beherrschen zu können, um mächtig wie ein König zu sein. Sogar die Zeit wollte er auf diese Weise zu seinem Untertan machen, doch das war natürlich von vorneherein zum Scheitern verurteilt. Er dachte, die Zeit könne gekauft werden, so wie Schmuck, edle Gewänder und bestechliche Menschen, aber wie sollte das gehen? Wie sollte jemand die Zeit besitzen können?

Amüsiert von dieser bizarren Idee, zuckte der kleine Buddha mit einem Lächeln die Schultern und hoffte, dass der Goldgräber sich seines Irrglaubens bewusst werden würde, bevor es eines Tages zu spät sein würde. Dann legte er sich hin, breitete die Decke über sich aus und sank in einen tiefen Schlaf.

Früh am nächsten Morgen stand er wieder auf den Beinen und setzte seine Reise fort. Die grauen Wolken waren in der Nacht weitergezogen – blauer Himmel begrüßte ihn und schon bald fühlte er die ersten Sonnenstrahlen auf seinem Gesicht. Er wanderte durch ein langgezogenes Tal und versuchte sich dabei vorzustellen, wie wohl der außergewöhnliche Berg aussehen würde. Er war schon aufgeregt, endlich mit eigenen Händen Schnee anfassen zu können, hatte allerdings auch leichte Zweifel, ob es wirklich dazu kommen würde. Denn obwohl die Nächte in dieser hügeligen Landschaft sehr kalt waren, strahlte die Sonne am Tage viel zu viel Wärme aus. Er gab die Hoffnung aber nicht auf und ging frohen Mutes weiter.

Als er fast das Ende des Tals erreicht hatte, führte ihn der Weg nach halbrechts auf eine Anhöhe. Oben angekommen, tauchte sein Ziel mit einem Mal direkt vor ihm auf: Es war tatsächlich ein Vulkan, der riesige Krater am Gipfel war klar zu erkennen. Doch kaum hatte der kleine Buddha den außergewöhnlichen Berg das erste Mal bestaunt, stieg auch schon Enttäuschung in ihm auf: Von weißem Schnee war weit und breit nichts zu sehen.

Er überlegte und entschied sich schließlich, trotz fehlendem Schnee hinaufzugehen. Vom Gipfel aus gab es bestimmt eine herrliche Aussicht, und außerdem war er auch noch nie auf einem Vulkan gewesen.

Der Aufstieg war anstrengend, vor allem, weil er immer noch das große Bild mit sich herumschleppte. Aber immerhin hatte die Malerin recht gehabt, als sie gesagt hatte, dass der Weg auf den Berg relativ einfach zu bewältigen war. Er musste kein einziges Mal klettern, der Pfad war gut befestigt und allzu lange dauerte es auch nicht. Noch bevor die Sonne ihren höchsten Punkt erreicht hatte, war er oben auf der Südseite angekommen.

Der kleine Buddha blieb stehen und nahm einige große Schlucke aus seiner Wasserflasche. Dann ließ er seinen Blick umherwandern und bewunderte die Aussicht, die in der Tat atemberaubend war. Allein dafür hatte sich das Schwitzen gelohnt! Und der riesige Krater, der nun direkt vor ihm lag, war ebenfalls beeindruckend. Was er allerdings nicht wissen konnte, war, dass die schönste Belohnung noch auf ihn wartete.

Nach einer kurzen Pause spazierte er langsam am Rand des Kraters entlang. Das breite Loch war an einigen Stellen mit Gras bewachsen und hatte einen Durchmesser von über hundert Metern. Da es aber nicht sehr tief hinunterging, musste der kleine Buddha keine Angst haben, dass er bei einem Sturz im inneren des Berges verschwinden würde. Er konnte bei seinem Rundgang in aller Ruhe die Aussicht genießen und den Krater begutachten. Wahrscheinlich war der Vulkan schon längst erloschen, trotzdem fühlte es sich an, als hätte er von seiner Kraft noch nichts eingebüßt. Oder vielleicht schlummerte er doch noch tief im Inneren, dachte der kleine Buddha. Vielleicht hatte er sich einfach schlafen gelegt.

Als er auf der anderen Seite des Kraters angekommen war, blieb er erneut stehen und guckte sich um. Und dann, als er den Blick nach unten senkte, stieß er plötzlich einen Freudenschrei aus. Schnee! Direkt unter ihm war die ganze Nordseite des Berges in ein mattes Weiß gehüllt. Sofort stellte er das Bild ab und kletterte vorsichtig einen steilen Abhang hinunter, bis er eine schmale, ebene Fläche erreicht hatte. Er bückte sich und tunkte seine Hände in die dünne Schneeschicht, die die darunter liegende Eisplatte bedeckte. Es kitzelte erst ein wenig, dann spürte er die eisige Kälte und schließlich begann der Schnee auf seiner Haut zu schmelzen. Der kleine Buddha war entzückt – welch einzigartiges Gefühl! Er formte eine Nuss-große Kugel, zögerte kurz und steckte sie sich in den Mund. Wieder kitzelte es, nur noch viel stärker. Für einen Moment schien seine ganze Mundhöhle einzufrieren, dann verwandelte sich der kalte Schnee in frisches Wasser, das der kleine Buddha genüsslich den Hals hinunterlaufen ließ. Sofort machte er sich noch einige weitere Kugeln und wiederholte dieses faszinierende Erlebnis. Und dann, als sein Mund bereits völlig taub war, schaute er sich um und begann zu lachen. Zum ersten Mal in seinem Leben hatte er Schnee unter den Füßen – ausgerechnet auf einem Feuer spuckenden Vulkan!

Eine Weile spielte er mit dem weißen Pulver, rieb es sich auf die Haut und jonglierte sogar mit drei Schneebällen. Dann fiel ihm aber noch etwas anderes ein, was er unbedingt an diesem Ort machen wollte: meditieren! Er formte aus dem Schnee einen kleinen Hügel, setzte sich mit gekreuzten Beinen oben drauf und wickelte sich in seine Decke ein. Anschließend schloss er die Augen und beobachte seinen Atem.

Zu Beginn schaffte er es, die Konzentration aufrechtzuerhalten und dadurch immer mehr zur Ruhe zu kommen. Doch es dauerte nicht lange, da wurde er abgelenkt. Zuerst von der Kälte: Seine Beine und Pobacken litten auf dem eisigen Untergrund und auch seine Decke bot keinen ausreichenden Schutz vor der kalten Umgebung. Er versuchte immer wieder, zu seinem Atem zurückzukehren, doch es fiel ihm schwer. Und dann gesellte sich zu der Kälte noch eine andere, weitaus größere Herausforderung: seine Gedanken über das Rätsel der Zeit.

Wenn er zurückblickte auf die letzten Tage und Wochen, kam es ihm vor, als würde die Zeit mit großer Eile davonrennen. All die schönen Erfahrungen waren schon wieder vorbei – das Sitzen mit dem Lehrer, das Malen am

See, das Wandern durch traumhafte Täler. Der kleine Buddha hatte ein wenig das Gefühl, als würde ihm die Zeit für einzelne Momente zeigen, wie schön das Leben ist, nur um ihm dann diese Momente wieder ganz schnell wegzunehmen. Und anderen Menschen ging es ja sehr ähnlich: Der Förster wollte nicht jeden Tag älter werden und die Buchhalterin versuchte verzweifelt, die Vergangenheit festzuhalten. Es schien so, als würden alle irgendwie mit der Zeit kämpfen. Und während alle kämpften und klammerten, stellte sich der kleine Buddha die Frage, die er sich schon so oft gestellt hatte: Was ist das überhaupt, Zeit?

Je mehr er darüber nachdachte, desto weniger verstand er. Vielleicht gab es auch überhaupt nichts zu verstehen? Vielleicht war die Zeit ein Mysterium, das nicht durchschaut werden wollte. Oder vielleicht schaute er auch einfach nicht richtig hin.

Plötzlich fuhr er zusammen. Die Kälte war inzwischen in seinen Körper eingedrungen und breitete sich mit beängstigender Geschwindigkeit aus. Lange würde es der kleine Buddha nicht mehr aushalten, ruhig sitzen zu bleiben. Doch während er überlegte, wann wohl der richtige Moment sein würde, aufzustehen, tauchte aus dem Nichts eine Idee auf. Was wäre, fragte er sich, wenn er die Kälte nicht als Feind, sondern als Freund betrachten würde? Nicht ewig, denn er wollte schließlich nicht oben auf dem Vulkan festfrieren, aber für eine kurze Weile sollte es doch möglich sein. Er holte also einige Male tief

Luft und hörte auf, mit Geist und Körper gegen die Kälte anzukämpfen. Mit jeder Ausatmung ließ er die bedrohlichen Gedanken los und akzeptierte den vorübergehenden Schmerz, und dadurch schaffte er Platz für andere Empfindungen. Nach und nach war die Kälte nicht mehr nur kalt und unangenehm, sondern auch erfrischend und belebend; sie war hart und aufdringlich, aber gleichzeitig auch sanft und schüchtern. Und dann hatte der kleine Buddha auf einmal einen Gedanken, der ihn die Kälte endgültig vergessen ließ: Vielleicht würde auch die Zeit nicht mehr so bedrohlich erscheinen, wenn er aufhören würde, sie als Feind zu betrachten. Wenn er die Zeit als Freund sehen würde. Sie zu lieben, anstatt sie zu fürchten.

Mit der Freundschaft und der Liebe kam die Stille. Seine Gedanken sprangen nicht mehr wie wilde, gejagte Hasen hin und her, sondern beruhigten sich. Sein Atem wurde immer langsamer und gleichmäßiger und in seinem Inneren breitete sich eine wundervolle Wärme aus, die den Kampf gegen die äußere Kälte überflüssig machte. Jeglicher Widerstand verschwand und dem kleinen Buddha kam es vor, als würde er sich selbst in einen kleinen Vulkan verwandeln. Die Ähnlichkeit war verblüffend: Kaltes Eis bedeckte die Hänge, doch tief unter der Oberfläche brannte ein friedliches Feuer. Mit kräftigen und zugleich geduldigen Schlägen wärmte sein Herz jede einzelne Zelle seines Körpers und sein Geist trat in eine Art Trance, so, als würde er in tanzende Flammen starren.

Nach und nach lösten sich die Grenzen zu seiner Umgebung auf und dadurch fühlte er sich immer mehr mit dem außergewöhnlichen Berg vereint. Es war, als würden sie im gleichen Rhythmus Ein- und Ausatmen, der kleine Buddha und der große Vulkan. Mit jedem Moment tauchte er tiefer in die Gegenwart ein, Vergangenheit und Zukunft wurden immer bedeutungsloser. Die wenigen Laute um ihn herum verstummten und die einzige Bewegung, die er spürte, war das leichte Heben und Senken seiner Brust. Sogar der Wind stand still. Und als er nichts mehr anderes als das Hier und Jetzt wahrnahm, blieb mit einem Mal auch die Zeit stehen.

Der trödelnde Eishändler

Wie lange der kleine Buddha in der zeitlosen Gegenwart oben auf dem Vulkan gesessen hatte, wusste er nicht. Es konnten einige Augenblicke gewesen sein, oder eine kleine Ewigkeit, und vielleicht hätte er auch noch viel länger in dieser einzigartigen Vollkommenheit verbracht, wenn nicht irgendwann Stimmen die Stille durchbrochen hätten. Nicht weit entfernt hörte er zahlreiche Männer und Frauen miteinander reden, begleitet von einem merkwürdigen, konstanten Klack, Klack, Klack. Langsam öffnete er die Augen und schaute sich um, doch außer dem weißen Schnee und dem blauen Himmel war nichts zu sehen.

Er stand auf, nahm seine Sachen und ging in die Richtung, aus der die Geräusche kamen. Vorsichtig kletterte er einen Felsvorsprung hinauf und als er oben angekommen war, staunte er nicht schlecht: Der halbe Hang war mit Menschen gefüllt, die mit Spitzhacken große Eisstücke aus dem Berg schlugen. Was war hier bloß los, fragte er sich.

Neugierig kletterte er den Felsen hinunter und blieb neben einem Mann stehen, der eifrig in den Boden hackte. Der Mann war schon etwas älter, hatte graue Haare und einen grauen Bart, aber anscheinend war er noch jung und kräftig genug, um diese schwere Tätigkeit zu vollbringen.

„Was macht ihr hier?"

Der Mann drehte sich überrascht um und setzte die Spitzhacke ab.

„Wir arbeiten. Und du? Was machst du hier?"

„Ich habe bis gerade im Schnee gesessen und meditiert."

„Oh", sagte der Mann entschuldigend, „dann haben wir dich bestimmt gestört."

„Ja, aber das macht nichts", entgegnete der kleine Buddha. Er war tatsächlich in keinster Weise verärgert über das abrupte Ende der Stille, sondern freute sich über diese unerwartete Begegnung.

„Was für einer Arbeit geht ihr denn nach?", wollte er wissen.

„Wir ernten Eis!"

„Aha. Und wozu?"

„Damit wir es später in der großen Stadt verkaufen können. Wir sind Eishändler."

Eishändler, wiederholte der kleine Buddha leise. Von so einem Beruf hatte er noch nie gehört.

„Und wer kauft euer Eis?"

„Alle, die Essen aufbewahren. Besitzer von Gemüseläden, Obstverkäufer, Köche und auch Privatpersonen. Sie brauchen das Eis, um die Nahrungsmittel zu kühlen und dadurch länger haltbar zu machen. Und im Sommer sind Kinder unsere besten Kunden, denn sie lieben es, an den Eisstücken zu lutschen."

Der kleine Buddha stellte sich vor, an heißen Tagen Zugang zu etwas kaltem Schnee zu haben. Großartig wäre das!

„Kannst du mir vielleicht kurz helfen?“, fragte der Mann, während er ein Tuch um einen bereits frei geschlagenen Eisklotz legte.

Der kleine Buddha nickte sofort.

„Was soll ich machen?“

„Dieser Klumpen ist zu schwer für mich allein. Zu zweit könnten wir es aber schaffen und ihn zu meinem Pferdewagen bringen. Er steht ein kleines Stück den Hang hinunter.“

Der kleine Buddha packte also mit an und half dem Mann beim Tragen. Der Eisklumpen war viel schwerer, als er gedacht hatte, aber mit vereinten Kräften schafften sie es und luden ihn schließlich hinten auf den Wagen. Da der kleine Buddha nichts anderes zu tun hatte, half er dem Mann auch noch mit einigen anderen Eisstücken. Als der Wagen voll beladen war, machten sie eine Pause und tranken etwas Wasser.

„Soll ich dich mitnehmen?“, fragte der Eishändler.

Der kleine Buddha überlegte kurz. Er hatte ja sowieso vorgehabt, irgendwann die große Stadt zu besuchen. Bisher hatte er es hinausgezögert, aber vielleicht war nun der Zeitpunkt gekommen. Außerdem war es eine gute Gelegenheit, für eine Weile in Gesellschaft zu reisen.

Er nahm das Angebot dankend an und setzte sich vorne neben den Mann auf die Fahrbank. Sie waren schon losgefahren, da fiel ihm plötzlich ein, dass er das Bild vergessen hatte.

„Stopp!", rief er und sogleich riss der Mann die Zügel an sich.

„Was ist los?"

„Ich muss noch etwas holen, bin gleich wieder da."

Er sprang vom Wagen und rannte so schnell er konnte bis zum Kraterrand hinauf. Auf dem steilen Weg nach oben fragte er sich, ob er das Bild nicht vielleicht einfach auf dem Gipfel zurücklassen sollte. Doch was sollte der Vulkan mit seinem Bild anfangen? Nein, er musste sich schon selbst drum kümmern.

Als er wenig später zum Wagen zurückkehrte und der Eishändler sein Kunstwerk sah, war dieser auf Anhieb begeistert.

„Hast du das gemalt?"

„Ja."

„Ein wahres Prachtexemplar!", sagte der Mann beeindruckt.

„Danke!", gab der kleine Buddha fast ein wenig verlegen von sich. Dann verstaute er das Bild zwischen den in Stofftüchern eingewickelten Eisblöcken, nahm vorne Platz und lächelte zufrieden, während sich die beiden Pferde wieder in Bewegung setzten.

Sein nächstes Ziel war die große Stadt.

Sie waren noch nicht lange unterwegs und hatten gerade erst den Fuß des Berges erreicht, da wurden sie von einem anderen Eishändler überholt. Wahrscheinlich hatte er besonders schnelle Pferde, dachte der kleine Buddha. Doch kurz darauf sauste ein weiterer Wagen an ihnen vorbei, dann noch einer und schließlich sogar zwei gleichzeitig.

„Sind die anderen viel schneller oder wir viel langsamer?", wunderte er sich.

„Kommt drauf an", sagte der Mann. „Für die anderen sind wir schrecklich langsam, für mich sind die anderen schrecklich schnell."

„Und warum beeilen sie sich so?"

„Weil das Eis schmilzt."

Sofort drehte sich der kleine Buddha um und betrachtete mit besorgter Miene die Ladefläche. Er sah die ganze mühsam eingeladene Ware bereits davonfließen.

„Keine Angst", sagte der Mann, „so schnell schmilzt es nun auch wieder nicht. Aber bis wir in der Stadt sind, werden wir in der Tat einen kleinen Teil verloren haben. Um das zu vermeiden, beeilen sich die anderen."

„Aber warum beeilst du dich nicht auch? Ist es dir egal, wenn du einen Teil von deiner Ladung verlierst?"

Der Eishändler zuckte mit den Schultern.

„Letzten Endes läuft es aufs Gleiche hinaus. Je schneller du fährst, desto schneller geht auch etwas an deinem Wagen kaputt, wodurch es mehr Kosten für Reparaturen gibt. Außerdem fällt bei hohem Tempo manchmal ein

Teil der Ladung herunter, vor allem bei großen Schlaglöchern. Und die Pferde leiden auch mehr, sie werden schneller alt und dann musst du neue kaufen. Kurzfristig machen die anderen also einen größeren Gewinn, wenn sie mit mehr Eis ankommen, langfristig gibt es aber fast keinen Unterschied."

Wieder rauschte ein Wagen an ihnen vorbei und verschwand vor ihnen in einer Staubwolke.

„Aber weißt du, was der Hauptgrund ist, warum ich mich nicht beeile?"

Der kleine Buddha antwortete mit einem Kopfschütteln.

„Ich hasse Eile!", sagte der Mann und lachte los. „Wirklich. Wenn ich mir die anderen anschaue, kommt es mir so vor, als sei ihr Leben ein Wettrennen, bei dem es nur darum geht, als erster anzukommen. Dabei ist das verrückt, denn am Ende erreichen wir doch sowieso alle dasselbe Ziel."

Wieder zuckte er mit den Schultern.

„Meinst du, die anderen beeilen sich nur, um etwas mehr Geld zu verdienen?", fragte der kleine Buddha.

„Nein. Geld spielt zwar auch eine Rolle, aber wie ich eben gesagt habe, groß ist der Unterschied nicht." Er zögerte einen Moment und blickte zu der sich senkenden Sonne. „Ich glaube, die Eile ist zu einer ansteckenden Krankheit geworden, die sich rasant unter den Menschen ausbreitet. Sie denken, dass sie Zeit gewinnen, wenn sie schneller sind; dass sie weniger Zeit verlieren, wenn sie sich beeilen. Doch in Wahrheit ist genau das Gegenteil der Fall: Die Eile vernichtet die Zeit! Denn wie willst du die kostbaren Momente deines Lebens genießen, wenn du an ihnen vorbeirast?“

Der kleine Buddha konnte ihm nur zustimmen. Er war froh, dass er bei dem trödelnden Eishändler auf der Fahrbank gelandet war und nicht bei einem seiner gehetzten Kollegen. Zweifellos zog er es vor, in aller Ruhe und vor allem ohne Eile in die Stadt zu reisen. Denn Eile und Reisen, das passt nun wirklich nicht zusammen.

Ein weiteres Mal wurden sie von zwei Wagen überholt.

„So, jetzt sind wir die Letzten“, grinste der Mann vergnügt.

Während sie gemächlich weiter den Weg entlangrollten, saßen sie für eine Weile schweigend nebeneinander. Der kleine Buddha starrte auf die vorbeiziehenden Wolken und dachte über die Worte des Mannes nach. Er fragte sich, ob wirklich eine mysteriöse Krankheit die Eile verursacht, oder ob die Menschen krank werden, weil sie sich beeilen. Nach einiger Zeit des Grübelns kam er schließlich zu der Frage, die ihn am meisten interessierte: Was konnte er tun, um gesund zu bleiben?

„Wie kommt es, dass du noch nicht diese Krankheit hast?“, wollte er von dem Eishändler wissen. „Wie schaffst du es, so gelassen zu bleiben?“

Der Mann drehte sich zu seinem Mitreisenden um und lächelte.

„Ganz einfach: Irgendwann habe ich angefangen, die Langsamkeit zu lieben." Er hielt einen Moment inne. „Weißt du, früher musste auch bei mir alles schnell gehen, da bin auch ich an den anderen vorbeigerast. Aber eines Tages hatte eines meiner Pferde ein verletztes Bein und dadurch konnte es nur im Schneckentempo voranschreiten. Zuerst bin ich nervös geworden, weil wir uns kaum vorwärts bewegten und ich Angst hatte, zu spät zu kommen. Doch dann ist mir nach und nach aufgefallen, wie viel angenehmer ein langsamer Rhythmus ist. Auf einmal hatte ich Zeit, einfach nur den Himmel oder die herrliche Landschaft zu betrachten. Ich konnte in Ruhe nachdenken und hatte nicht mehr dieses grässliche Gefühl der Hast."

Der kleine Buddha wusste nur allzu gut, was er meinte. Auch er mochte dieses Gefühl der inneren Unruhe überhaupt nicht.

„Wenn mich heute andere Eishändler sehen", fuhr der Mann fort, „sagen sie, dass ich meine Zeit vergeude, weil ich länger auf dem Wagen sitzen muss. Die elendige Warterei würde sie in den Wahnsinn treiben, sagen sie. Ich entgegne dann immer, dass ich das Warten gar nicht schlimm finde, sondern es als Geschenk ansehe."

„Als Geschenk?"

„Ja. Ich bekomme Zeit geschenkt."

Nun lächelte der kleine Buddha ebenfalls. Vielleicht war die Liebe zur Langsamkeit, die das geduldige Warten erst möglich machte, der Schlüssel für ein entspannteres Zeitempfinden. Für ein Leben mit weniger Hast und mehr Gelassenheit, ein Leben mit weniger Eile und mehr Genuss.

Direkt vor ihnen sahen sie die rötliche Sonne, wie sie den fernen Horizont berührte und Teile des Himmels in ein leuchtendes Orange tunkte.

„Es ist doch immer wieder aufs Neue ein einzigartiges Naturschauspiel!", freute sich der Mann mit tiefer Demut. „Wenn wir uns beeilt hätten, so wie die andern, dann wären wir schon längst in der Stadt und würden diesen wundervollen Sonnenuntergang verpassen."

„Ja, das wäre wirklich schade", sagte der kleine Buddha. „Furchtbar schade!"

Der Eishändler nickte.

„Und glaube mir, der tägliche Sonnenuntergang ist nur ein Beispiel von vielen. Die Langsamkeit hält unendlich viele Schätze bereit!"

Der kleine Buddha brauchte ihm nicht glauben. Er wusste aus eigener Erfahrung, dass der Eishändler völlig recht hatte. Aber was war mit all den Leuten, die tagein tagaus an all diesen Schätzen vorbeiliefen? Es musste doch irgendeine Möglichkeit geben, ihnen zu helfen, die eigene Lebensgeschwindigkeit etwas zu drosseln. Denn wenn ein Mensch noch nicht einmal Zeit hat, in Ruhe einen Sonnenuntergang zu bestaunen, was war das für ein Leben?

„Und wenn es jemandem schwerfällt, die Langsamkeit zu lieben? Wenn jemand bereits von der Eile befallen ist, was würdest du dieser Person raten?"

Der Mann überlegte einen Moment.

„Es kommt darauf an, was es für eine Person ist. Die beste Lebensgeschwindigkeit ist von Mensch zu Mensch verschieden. Daher wäre mein Rat, nicht so sehr dem Takt der anderen zu folgen, sondern auf den eigenen Takt zu hören. Wenn jemand gerne schnell unterwegs ist, dann mag das für diese Person gut sein, aber jemand, der eigentlich ein ruhigeres Gemüt hat, leidet bei dem Versuch, mit den anderen Schritt zu halten. So einem Menschen würde ich empfehlen, sich auf die Suche nach dem eigenen Tempo zu begeben. Einfach mal zu probieren, wie es sich anfühlt, langsam zu sein."

Der kleine Buddha mochte den Rat des Mannes. Allerdings war er sich auf einmal nicht mehr so sicher, ob allein die Geschwindigkeit für die Eile verantwortlich ist.

„Aber selbst wenn ich alles langsam mache, kann ich doch immer noch das Gefühl haben, mich beeilen zu müssen."

Der Eishändler stieß einen langen Seufzer aus.

„Ja, das stimmt leider. Sowohl für langsame als auch für schnelle Menschen gilt: Die Versuchung, sich zu beeilen, ist allgegenwärtig." Er hielt inne, dann drehte er sich mit einem ermutigenden Blick zum kleinen Buddha. „Aber die Chance, es nicht zu tun, ist ebenfalls immer da."

Die hundertjährige Tänzerin

Es war schon fast Mitternacht, als sie die große Stadt erreichten. Einen besseren Zeitpunkt hätte der kleine Buddha nicht wählen können, denn zu dieser späten Stunde waren die Straßen nicht mit der gewöhnlichen Hektik gefüllt, sondern es herrschte völlige Ruhe. Statt mit Chaos und Lärm empfing ihn die Stadt mit friedlicher Leere. Am liebsten wäre er gleich losgezogen, um die Straßen und Plätze ungestört in der Stille zu erkunden, doch auf dem langen Weg vom Vulkan hatte er sich fast die ganze Zeit mit seinem neuen Freund unterhalten – das viele Reden und Zuhören hatte ihn müde gemacht und somit nahm er das Angebot des Eishändlers, bei ihm zu übernachten, dankend und ohne Zögern an. Er half ihm noch, die Eisblöcke in einen kühlen Keller zu tragen, dann legte er sich hin und fiel in einen tiefen, wohlverdienten Schlaf.

Am nächsten Morgen frühstückten sie gemeinsam, bevor sich der kleine Buddha für ein weiteres Lebewohl bereitmachte. Trotz jahrelanger Erfahrung mit den unvermeidbaren Abschieden, die ein Reisender durchleben musste, hatte er sich immer noch nicht an sie gewöhnt. Er bezweifelte auch, dass es ihm eines Tages nicht mehr schwerfallen würde, sich von lieb gewonnenen Freunden zu trennen. Sein einziger Trost war, dass jeder Abschied irgendwann zu einer neuen Begegnung führen wird.

Der Eishändler begleitete ihn zur Tür und dankte ihm für seine Hilfe.

„Gern geschehen. Dir danke ich für die Fahrt, die nette Gesellschaft und den warmen Schlafplatz."

Der kleine Buddha warf sich seine Tasche um und griff nach der großen Leinwand. Dann hielt er auf einmal inne.

„Du hast doch gesagt, dass dir mein Bild gefällt, oder?"

„Ja, sehr sogar."

„Gut. Dann gehört es jetzt dir."

Er reichte ihm sein Kunstwerk.

„Aber …", begann der Mann, der sich zwar freute, ein solches Geschenk jedoch unmöglich annehmen konnte. Sein Widerspruch kam allerdings zu spät: Der kleine Buddha hatte schon zwei Schritte nach draußen gemacht und drehte sich nur noch einmal kurz mit einem Lächeln um.

„Mach's gut!"

Wie nicht anders zu erwarten gewesen war, hatte sich die friedliche, nächtliche Stille mit dem Beginn des Tages in Luft aufgelöst. Der kleine Buddha trat auf die Straße hinaus und befand sich sofort mitten im Trubel. Aus allen Richtungen strömten Menschen auf ihn zu und an ihm vorbei, sie drängelten sich vor den vielen kleinen Läden und feilschten lauthals, schleppten große Einkaufstaschen in ihren Händen und auf ihren Köpfen und schleiften ihre protestierenden Kinder hinter sich her. Vornehm gekleidete Männer und Frauen standen in kleinen Gruppen zusammen und diskutierten angeregt, während Pferdekutschen unentwegt an ihm vorbeirasten. Um ein Haar wäre der kleine Buddha von einer dieser Kutschen angefahren worden, als er vor lauter Staunen nicht schnell genug die Straße überquert hatte. Wütend hatte ihn der Fahrer angeschrien, ob er denn keine Augen im Kopf habe. Ja, dachte der kleine Buddha, genau so hatte er die Stadt in Erinnerung gehabt.

Er spazierte eine Weile umher und tat das, was er am besten konnte: beobachten! Seit seinem letzten Besuch war die Stadt gewachsen – es gab mehr Häuser, mehr Kutschen und mehr Menschen. Der Verkehr hatte zugenommen, der Lärm, der Dreck und die Hektik ebenfalls. Alle waren in ständiger Bewegung, rannten hin und her und schienen schrecklich beschäftigt zu sein. Allein vom Zusehen kam der kleine Buddha außer Atem und so dauerte es nicht lange, bis er sich nach etwas Ruhe sehnte. Doch wie sollte er dem Trubel entkommen? Wo konnte er hingehen, um den rastlosen Massen zu entfliehen?

Zuerst versuchte er es mit ein paar Nebenstraßen, dann mit einigen kleinen Gassen, doch es war vergeblich – nirgendwo gab es ein ruhiges Fleckchen, nirgendwo eine Gelegenheit für einen friedlichen Moment. Je länger der kleine Buddha umherirrte, desto verzweifelter suchte er nach irgendetwas, das ihm Halt geben würde. Eine leere Bank, ein schützender Baum oder wenigstens ein bekanntes Gesicht. Es war schon seltsam: Einen einsamen Ort fand er nicht, aber er fühlte sich mehr und mehr alleine.

Dann hatte er auf einmal einen rettenden Gedanken. Er änderte die Richtung und marschierte, so schnell er konnte, zu dem gemütlichen Teeladen, in dem er beim letzten Mal so oft gewesen war. Vielleicht würde er ja Herrn Singh antreffen, den Mann ohne Zeit. Doch als er beim Teeladen ankam, bot sich ihm das gleiche Bild wie auch sonst überall in der Stadt: Es gab keinen einzigen freien Platz! Er ging hinein und erkundigte sich beim Besitzer nach Herrn Singh, doch dieser hatte ihn schon lange nicht gesehen. Womöglich hatte er es endlich geschafft, die Bücher beiseitezulegen und auf seine lang geplante Reise zu gehen.

Der kleine Buddha machte kehrt und stand wieder auf der Straße. Dann die nächste Idee: Der Obstverkäufer! Er zog los und durchquerte die halbe Stadt, um den Mann zu besuchen, der ihm vor einigen Jahren das wundervolle Gedicht geschickt hatte. Doch wieder hatte er kein Glück: In dem Haus des Obstverkäufers wohnte mittlerweile eine andere Familie und niemand wusste, wo er hin war.

Enttäuscht ging er weiter und lief ziellos durch eine fremde, völlig überfüllte Welt. Er begann schon, darüber nachzudenken, die Stadt noch am selben Tag zu verlassen, als er plötzlich Klänge hörte, die ihm sehr bekannt vorkamen. Ein merkwürdiges Trommeln, begleitet von aufgeregten Schreien und immer wieder lautem Applaus. Der kleine Buddha folgte den Geräuschen, bog um die nächste Ecke und erreichte einen großen Platz. Er schob sich durch eine enge Menschentraube, immer in Richtung der lauten Trommelschläge, und dann sah er sie auf einmal direkt vor sich: die Zirkusgruppe!

Erst vor wenigen Monaten hatte er sie auf seiner letzten Reise kennengelernt und war einige Wochen mit ihnen von Dorf zu Dorf gezogen. Der Clown mit den abstehenden Ohren, der Jongleur, das Akrobatenpaar, der Feuerschlucker und die Trommlerinnen, sie waren alle da. Und als sie den kleinen Buddha sahen, strahlten ihre ohnehin schon glücklichen Gesichter noch viel mehr. Sie brachten ihre Aufführung zu Ende und kamen anschließend sogleich auf ihn zu, begrüßten ihn mit großen Umarmungen und freuten sich über den unerwarteten Besuch. Und der kleine Buddha? Er strahlte ebenfalls! Etwas Besseres als eine Begegnung mit einem Haufen alter Freunde hätte ihm in diesem Moment nicht passieren können.

Die Zirkusgruppe kam jedes Jahr für ein paar Monate in die Stadt. Zweimal täglich zeigten sie ihre Künste an verschiedenen Plätzen und den Rest der Zeit verbrachten sie genau so, wie sie es immer taten: Sie aßen zusammen, übten, lachten und abends musizierten sie. Als sie den kleinen Buddha fragten, ob er wieder eine Weile mit ihnen zusammen herumziehen will, musste er nicht lange nachdenken.

Die nächsten Tage verbrachte er also mit den Zirkusleuten. Er schaute ihren regelmäßigen Aufführungen zu und war dabei jedes Mal aufs Neue begeistert, er staunte und klatschte mit dem Publikum und einige Male jonglierte er sogar selbst ein bisschen. Natürlich nicht so gut wie der Jongleur, aber Spaß machte es allemal. Am Ende einer jeden Aufführung half er seinen Freunden, mit einem Hut Geldmünzen von den Zuschauern einzusammeln und alle Utensilien wieder in den beiden Zirkuswagen zu verstauen. Anschließend wurde der Platz gefegt und dann gab es für alle eine köstliche Mahlzeit. Geschichten wurden erzählt und neue Tricks probiert, sie sangen und tanzten und trommelten.

Die Zirkusleute waren solch fröhliche und entspannte Zeitgenossen, dass der kleine Buddha in ihrer Gesellschaft die Stadt aus einer völlig anderen Sicht kennenlernte. Auf einmal ließ er sich nicht mehr von der grässlichen Hektik anstecken und die Menschenmassen überwältigten ihn auch nicht mehr. Stattdessen sah er überall lächelnde Gesichter und fühlte sich so frei und lebendig wie nur ein Reisender sich fühlen kann.

Am vierten Abend saßen sie alle zusammen vor einem Stadtbrunnen und machten wieder einmal Musik, als dem kleinen Buddha eine uralte Frau auffiel, die in einigen Metern Entfernung ausgelassen tanzte, seitdem sie angefangen hatten zu spielen. Trotz ihres Alters schien sie überhaupt nicht müde zu werden, nach jedem Stück rief sie nach einer Zugabe und jubelte, wenn ihr Wunsch erfüllt wurde.

Schließlich legten sie aber doch eine Pause ein und der kleine Buddha beschloss, zu ihr hinüberzugehen.

„Darf ich dich etwas fragen?"

„Aber sicher doch", hechelte die Frau, die zum Schluss doch ein wenig aus der Puste gekommen war.

„Wie alt bist du?"

Die Frau atmete noch einige Male tief durch, dann lächelte sie stolz.

„Genau einhundert Jahre!"

„Wirklich?"

„Wirklich."

Beeindruckt starrte der kleine Buddha sie an. Noch nie hatte er einen so alten Menschen getroffen. Und erst recht keine Hundertjährige, die ununterbrochen tanzte.

„Du scheinst viel mehr Energie zu haben, als viele andere Leute, die wesentlich jünger sind. Wie machst du das?"

„Ich weiß auch nicht. Mir macht das Leben einfach riesigen Spaß!"

Hundert Jahre, dachte der kleine Buddha voller Faszination. Was sie wohl schon alles erlebt hatte und wie viel sie wissen musste!

„Darf ich dir noch eine Frage stellen?"

„Natürlich! Frag so viel du willst."

„Was hast du in deinem langen Leben über die Zeit gelernt?"

Die alte Tänzerin guckte ihn überrascht an. Sie hatte zwar in der Tat schon viel erlebt, doch noch nie hatte ihr jemand diese Frage gestellt.

„Was ich über die Zeit gelernt habe …", wiederholte sie leise vor sich hin und starrte dabei ins Nichts. Dann seufzte sie und schaute dem kleinen Buddha in die Augen.

„Dass sie schneller vergeht, je älter ich werde."

Sofort musste er an den Gärtner und auch an den Förster denken, mit ihnen hatte er über dasselbe gesprochen. Eine Begründung für dieses merkwürdige Phänomen hatte er bisher allerdings nicht erhalten.

„Und was meinst du, warum das so ist?"

Die Frau überlegte einige Momente und ließ ihren Blick umherwandern.

„Siehst du das Mädchen dort drüben auf der anderen Seite?"

Der kleine Buddha folgte ihrem Blick und sah ein Kind, das mit seinen Eltern die Straße entlangging.

„Sie ist ungefähr zehn Jahre alt. Wenn sie auf das letzte Jahr zurückblickt, sieht sie ein Zehntel ihres ganzen Lebens. Ich hingegen bin schon hundert Jahre hier – die letzten zwölf Monate machen bei mir nur ein Hundertstel von meinem Leben aus. Und ein Hundertstel fühlt sich viel schneller an, als ein Zehntel. Vielleicht liegt es daran?"

Beide zuckten mit den Schultern. Es war wohl eines dieser Rätsel, auf das es keine genaue Antwort gibt.

„Letzten Endes ist es aber egal, ob du jung oder alt bist", fuhr die Frau fort. „Denn ein Jahr hält für jeden Menschen gleich viele Momente bereit. Es kommt also darauf an, was du mit jedem dieser Momente anstellst. Jeder einzelne von ihnen kann sowohl einen kurzen Augenblick als auch eine halbe Ewigkeit dauern."

Für eine Weile standen sie schweigend nebeneinander und beobachteten das späte Treiben der Stadt. Nach und nach leerten sich die Straßen, die Läden wurden geschlossen und überall eilten die Leute mit schnellen Schritten nach Hause.

„Es gibt allerdings eine große Gefahr", sagte die alte Tänzerin schließlich mit ernster Stimme.

„Was denn für eine Gefahr?", fragte der kleine Buddha besorgt.

„Die Gefahr, zu denken, dass du noch genügend Zeit hast. Dass du für alles, was du machen willst, irgendwann eine Gelegenheit haben wirst. In Wirklichkeit kannst du jedoch gar nicht wissen, wie viele Tage und Momente dir noch bleiben." Sie hielt kurz inne. „Wenn du also einen Traum hast, den du dir erfüllen willst oder etwas verändern möchtest, dann warte nicht! Tue es jetzt, sonst ist es womöglich irgendwann zu spät."

Der kleine Buddha nickte. Es ist tatsächlich leicht, Träume und gute Taten aufzuschieben und dabei zu vergessen, dass die eigene Lebenszeit begrenzt ist.

„Und was machst du gegen diese Gefahr?“, wollte er wissen. „Was machst du, damit du es schaffst, möglichst oft im Jetzt zu leben?“

„Ich versuche einfach, jedem Moment die volle Aufmerksamkeit zu schenken. Das klappt natürlich nicht immer, aber mit den Jahren und viel Übung gelingt es mir immer besser.“

Aus den Augenwinkeln sahen sie, wie die Zirkusleute wieder nach ihren Instrumenten griffen.

„Vor vielen Jahren habe ich eine Geschichte gehört, die mir sehr geholfen hat“, fuhr die alte Frau fort. „Sie ist ganz kurz – soll ich sie dir erzählen?“

Der kleine Buddha brauchte nichts zu sagen. Die Vorfreude auf eine neue Geschichte war klar und deutlich an seinen leuchtenden Augen abzulesen.

Eine Gruppe von Mönchen saß mit einer Meisterin zusammen.

„Was ist das Geheimnis deines Glücks?“, wollte einer von ihnen wissen.

„Wenn ich hungrig bin, esse ich“, antwortete die Meisterin. „Und wenn ich müde bin, schlafe ich.“

„Das ist ja schön und gut“, entgegnete der Mönch, „aber das tun wir doch alle. Was ist da so Besonderes dran?“

„Nun“, sagte die Meisterin, „wenn ihr esst, dann habt ihr dabei tausend Gedanken und seid irgendwo anders, und wenn ihr schlaft, habt ihr in euren Träumen viele Ängste und Wünsche. Doch wenn ich esse, esse ich und sonst nichts. Und

wenn ich schlafe, schlafe ich und sonst nichts. Das ist das Geheimnis meines Glücks.“

Kaum hatte die alte Tänzerin zu Ende erzählt, ertönten die ersten Trommelschläge. Sofort begannen ihre Füße im Takt hin und her zu wippen.

„Willst du noch ein Geheimnis wissen?“, fragte sie. „Über die Entstehung der Zeit?“

Der kleine Buddha schaute sie gespannt an.

„Ganz einfach: Zeit entsteht, wenn du sie teilst!“

Während die Gitarre und Trompete der Zirkusband einsetzten, fasste sie seine beiden Hände und forderte ihn zum Tanzen auf. Und was hätte der kleine Buddha anderes machen können, als sich von diesem außergewöhnlichen Moment mitreißen zu lassen?

Und so tanzten sie mit der Musik bis spät in die Nacht hinein, glücklich und vereint in der Gegenwart.

Der faule Bäckerlehrling

Eine Woche und viele einzigartige Momente später trennten sich der kleine Buddha und die Zirkusgruppe wieder. Zwar hatten sie ihm angeboten, dass er sie auf ihrer Reise gen Süden begleiten kann, doch der kleine Buddha wollte nicht zurück in den Süden. Er fühlte, dass es an der Zeit war, sich langsam auf den Heimweg zu machen. Schon viel zu lange war er nicht mehr bei seinem großen alten Bodhi-Baum gewesen und somit beschloss er, alleine in Richtung Westen zu ziehen.

Der Abschied von der lustigen Truppe fiel ihm leichter als andere Abschiede, denn sie hatten alle das Gefühl, dass sie sich eines Tages wiedersehen würden. Schließlich waren sie alle Reisende, und Reisende, die dazu auch noch gute Freunde waren, würden sich bestimmt irgendwann wieder über den Weg laufen. Genau wissen konnte das natürlich niemand, aber ihre Hoffnung und Zuversicht waren viel stärker als der Schmerz des Abschieds.

Der kleine Buddha umarmte jeden einzelnen von ihnen und schaute zu, wie sich die beiden Zirkuswagen in Bewegung setzten. Er winkte ihnen noch hinterher, bis sie außer Sicht waren, dann drehte er sich um und spazierte quer durch die riesige Stadt.

Als er am Abend fast die andere Seite erreicht hatte, kam

er an einer Bäckerei vorbei, vor der sich eine lange Schlange gebildet hatte. Komisch, dachte er, eigentlich haben Bäckereien doch eher morgens Hochbetrieb. Neugierig blieb er stehen und sprach einen in Lumpen gekleideten Mann an, der am Ende der Schlange stand.

„Gibt es hier etwas Besonderes?"

„Ja", antwortete der Mann. „Die Bäckerei verteilt das Brot, das tagsüber nicht verkauft wurde, an die Armen der Stadt. Stell dich ruhig dazu, normalerweise ist für alle etwas da."

Der kleine Buddha blickte auf die vielen Leute vor ihm und bezweifelte, dass für ihn noch etwas übrig bleiben würde. Sein knurrender Magen überzeugte ihn jedoch, dass es einen Versuch wert war und somit folgte er dem Vorschlag des Mannes und stellte sich hinten an.

Er hatte sich bereits auf geduldiges Warten eingestellt, doch zu seiner Überraschung ging es recht zügig voran. Schon bald erreichte er die Verkaufstheke, wo er von einer Frau mit einem herzlichen Lächeln empfangen wurde.

„Du hast Glück – eins hab ich noch!"

Sie gab ihm einen runden Laib und der kleine Buddha bedankte sich. Noch bevor er die Bäckerei verlassen hatte, brach er ein Stück von seiner Beute ab und schob es sich in den Mund. Er begann zu kauen, erst die knusprige Kruste, dann das weiche Innere. Und dann blieb er mit einem Mal stehen: Noch nie hatte er ein Brot mit einem solch wunderbaren Aroma gegessen! Begeistert fuhr er herum.

„Das ist das beste Brot, das ich je probiert habe", sagte er zu der Verkäuferin.

„Danke! Das hat unser Lehrling gemacht. Wenn du willst, kannst du ihm dein Lob auch persönlich überbringen."

Sie schaute hinaus und deutete auf die gegenüberliegende Straßenseite. Der kleine Buddha drehte sich um und sah einen jungen Kerl, nicht viel älter als er selbst, auf den Stufen eines Hauseingangs sitzen. Ja, gerne wollte er das Lob persönlich überbringen. Er nahm einen weiteren Bissen und ging zu ihm hinüber.

„Hallo", begrüßte er ihn.

„Hallo", grüßte der Bäckerlehrling freundlich zurück.

„Ich wollte dir nur sagen, dass dein Brot wirklich großartig schmeckt. Das Beste, was ich je hatte!"

„Danke, das freut mich zu hören."

„Ist es schwer, so ein gutes Brot zu backen?", wollte der kleine Buddha wissen, während er sich ein weiteres Stück von der Kruste abbrach.

„Nein, eigentlich überhaupt nicht. Du brauchst nur etwas Übung."

„Und was ist da alles drin, dass es so köstlich ist?"

„Gutes Mehl, Wasser, Salz und etwas Sauerteig", sagte der Bäckerlehrling.

„Das ist alles?"

„Nein. Die wichtigste Zutat ist eine andere."

Mit gebanntem Blick starrte der kleine Buddha ihn an.

„Zeit!"

„Zeit?"

„Ja, ein gutes Brot braucht Zeit, manchmal zwei oder sogar drei Tage."

„Das ist in der Tat lang", staunte der kleine Buddha. „Dann steckt also unheimlich viel Arbeit in jedem Laib, oder?"

Der Bäckerlehrling zuckte mit den Schultern.

„Etwas, ja. Die meiste Zeit besteht aber einfach aus Warten. Der Teig braucht immer wieder Ruhe, damit sich der spätere Geschmack des Brotes voll entwickeln kann."

„Deswegen sitzt du also hier? Weil du auf den Teig wartest?"

„Genau. Jeden Tag verbringe ich viele Stunden hier."

„Und was machst du dann die ganze Zeit."

„Nichts."

Der kleine Buddha guckte leicht verblüfft.

„Gar nichts?"

„Nichts Bestimmtes jedenfalls. Ich gucke mir die Leute an, oder die Wolken, ich denke über dies und das nach und manchmal rede ich mit jemanden, so wie jetzt mit dir. Aber genau genommen mache ich nichts."

Der kleine Buddha traute seinen Ohren kaum. Er hätte nicht gedacht, dass es so jemanden in der großen Stadt geben würde. Jemand, der einfach nur dasitzt, ohne etwas zu tun.

„Viele, die mich hier so sitzen sehen, denken, dass ich einfach eine Pause mache", fuhr der Bäckerlehrling fort.

„Wenn ich dann sage, dass das nicht stimmt, sondern dass ich auf das Brot warte, tue ich ihnen leid, denn bei so viel Warterei muss mir ja ganz schrecklich langweilig sein. Doch auch das stimmt nicht. Mir ist nicht langweilig. Im Gegenteil: Ich finde es schön, wenn die Zeit ganz langsam verstreicht und jeder Moment lange andauert."

Der kleine Buddha nickte zustimmend, während er sich das nächste Stück Brot in den Mund steckte und genüsslich darauf kaute.

„Manche sagen auch, ich würde hier einfach sinnlos die Zeit totschlagen. Dass ich ein Faulpelz sei, denn eigentlich könnte ich ja auch etwas Nützliches machen, während ich auf den Teig warte." Der Lehrling guckte zur Bäckerei. „Dabei wissen doch alle, dass ich jeden Tag für viele Menschen Brot backe." Er hielt inne und schüttelte den Kopf, dann grinste er: „Außerdem ist es doch herrlich, ab und an faul zu sein!"

„Vielleicht sind die anderen neidisch, weil sie selbst zu beschäftigt sind, um faul sein zu können", sagte der kleine Buddha.

„Da magst du recht haben. Dabei ist es absurd, denn wenn sie wirklich wollten, müssten die Leute nicht so beschäftigt sein. Wenn es etwas Wichtiges zu tun gibt, dann muss es getan werden, keine Frage. Aber oft gibt es nichts Wichtiges zu tun und trotzdem laufen alle wie aufgeschreckte Hühner umher. Oder sie streiten pausenlos, jammern, lästern und meckern. Nein, da bleibe ich doch lieber beim Nichtstun."

Für eine Weile schwiegen beide. Der Bäckerlehrling saß weiterhin auf der Treppe des Hauseingangs und sah einigen Tauben dabei zu, wie sie vor der Bäckerei einen Haufen Krümel vom Boden pickten. Der kleine Buddha stand neben ihm, knabberte weiter an dem köstlichen Brot und verursachte dabei einen weiteren Haufen Krümel. Die Tauben hatten also noch einiges an Arbeit vor sich.

Es war mittlerweile dunkel und ein kühler Wind wehte durch die Straßen. Obwohl sie sich am Stadtrand befanden, war die Hektik des Stadtlebens auch hier stets spürbar. Rasende Kutschen klapperten in der Nähe und Passanten gingen mit schnellen Schritten an ihnen vorbei.

„Kein Wunder, dass sich alles beschleunigt, wenn kaum noch jemand langsam lebt", sagte der kleine Buddha.

„Ja, alles muss schnell gehen und jeder Moment muss mit irgendetwas gefüllt werden." Der Bäckerlehrling ließ seinen Blick von den Tauben zu seinem Besucher wandern. „Dabei gibt es gegen diese hektische und besinnungslose Betriebsamkeit ein hervorragendes Mittel."

Der kleine Buddha ahnte bereits, was es war.

„Das Nichtstun?"

Er bekam ein Lächeln als Antwort.

„Je länger du einfach nur dasitzt, ohne etwas zu tun, desto mehr löst sich der Zwang auf, jeden Augenblick mit irgendeiner Tätigkeit zu füllen."

Wie beim Meditieren, dachte der kleine Buddha sofort. Dann fragte er sich, warum es wohl vielen Leuten so schwerfällt, zur Ruhe zu kommen.

„Und was meinst du, wo dieser Zwang herkommt?"

Der Bäckerlehrling überlegte einen Moment.

„Ich glaube, viele Menschen haben Angst vor der Leere. Sie fürchten die Stille und die Einsamkeit und versuchen deshalb, sich ständig mit irgendwem oder irgendetwas abzulenken. Sie lassen keine unverplante Zeit zu, weil sie es nicht aushalten, wenn sie alleine sind und nichts passiert."

Der kleine Buddha musste wieder an die Buchhalterin denken, die er vor einigen Wochen kennengelernt hatte. Auch sie hatte Angst vor der Leere und war deswegen immer beschäftigt. Doch der Preis, den sie zahlen musste, war hoch – sie schaffte es zwar, die leeren Momente zu vermeiden, aber dadurch verlor sie auch wertvolle Lebenszeit. Jeden Tag verpasste sie zahlreiche Gelegenheiten, glücklich im Hier und Jetzt zu sein. Und die Angst blieb ebenfalls.

„Wenn mir also jemand sagt, dass Nichtstun nicht nützlich ist", fuhr der Lehrling fort, „dann kann ich nur widersprechen. Denn beim Nichtstun lernst du, die Leere zu lieben."

„Ja, das ist in der Tat etwas sehr Nützliches", stimmte der kleine Buddha zu. Es schien so einfach, und doch war es eine große Kunst: die Zeit mit nichts zu füllen und auf diese Weise Zeitlosigkeit zu erfahren.

Erneut schwiegen sie für eine Weile. Dann erhob sich der Bäckerlehrling auf einmal.

„So, jetzt muss auch der Faulpelz noch etwas arbeiten", grinste er.

„Hast du etwas dagegen, wenn ich dir ein bisschen zuschaue?“

„Nein, überhaupt nicht. Komm gerne mit.“

Gemeinsam gingen sie also in die Bäckerei und von dort in die dahinter gelegene Backstube. Der Lehrling zündete einige Öllampen an und machte sich sogleich ans Werk. Überall standen Mehlsäcke, Töpfe, Schalen und Körbe. An der Wand direkt neben der Tür befand sich eine lange Arbeitsplatte und auf der anderen Seite des Raumes thronte ein großer Ofen. Das war also der Ort, dachte der kleine Buddha, in dem aus ein paar einfachen Zutaten wahre kulinarische Meisterwerke gezaubert wurden.

Er stellte seine Tasche ab und setzte sich auf eine schmale Holzbank. Seit dem frühen Morgen war er auf den Beinen gewesen und somit freute sich sein ganzer Körper über eine wohlverdiente Pause. Schon nach kurzer Zeit merkte er, wie seine Augenlider immer schwerer wurden, doch er hielt sie mit aller Kraft offen, denn schließlich wollte er sehen, wie das Brot gemacht wurde.

Zuerst mischte der Bäckerlehrling einen Sauerteig, den er bereits einen Tag hatte fermentieren lassen, mit Wasser, Mehl und Salz. Anfangs war es eine klebrige, feuchte Masse, doch je länger er knetete, desto fester und glatter wurde das Gemisch. Als er mit der Konsistenz zufrieden war, beförderte er den Teig in eine Schale und deckte sie mit einem Stofftuch ab. Dann holte er aus einem Regal eine riesige Schüssel, in der sich ein bereits bearbeiteter Teig befand. Er formte runde und ovale Laibe in verschiedenen Größen, legte sie in Körbe und deckte auch sie ab. Anschließend machte er sich daran, einen neuen Sauerteig für den nächsten Tag anzusetzen. Als er fertig war, klopfte er sich das Mehl von den Händen und lächelte zufrieden.

„So, jetzt muss alles bis morgen ruhen“, sagte er und drehte sich zu seinem Gast um. Doch der kleine Buddha hatte ihn nicht mehr gehört. Völlig übermüdet war er auf der Holzbank eingeschlafen.

Am nächsten Morgen war es noch nicht hell, da wurde der kleine Buddha von dem herrlichen Duft von frischem Brot geweckt. Er machte die Augen auf und sah sowohl den Lehrling als auch dessen Meister, wie sie braun gebrannte Brote aus dem Ofen holten und immer wieder neue, noch nicht gebackene Laibe hineinschoben. Kurz darauf saß er mit einem Tee und einem Stück der frischen Backware auf der Bank und strahlte vor Glück übers ganze Gesicht. Er wünschte sich, dass er jeden Morgen in einer Bäckerei aufwachen könnte!

Nach dem Frühstück erhob er sich und verabschiedete sich. Der Bäckerlehrling gab ihm das größte und leckerste

Brot, das er an diesem Morgen gebacken hatte, als Proviant mit auf den Weg. Während der kleine Buddha den Laib in seine Tasche stopfte, berührten seine Finger plötzlich das Goldstück, das er in dem Bach gefunden hatte. Er hatte es schon fast vergessen gehabt. Für einen Moment zögerte er und dachte an die lange Schlange, die am Vorabend vor der Bäckerei gestanden hatte. Dann nahm er das Goldstück und reichte es dem Lehrling.

„Hier, damit ihr auch weiterhin den Armen Brot geben könnt."

Der Lehrling wollte es erst nicht annehmen, doch der kleine Buddha bestand darauf.

„Für uns Menschen ist es gut, wenn wir uns ab und zu dem Nichtstun widmen, doch wozu soll ein Goldstück einfach nur in meiner Tasche rumliegen? Jedenfalls nicht, wenn es stattdessen anderen helfen kann."

Die kranke Kerzenmacherin

Der kleine Buddha ließ die Stadt hinter sich und spazierte in Richtung seiner Heimat. Noch eine ganze Weile dachte er über die Erlebnisse der letzten beiden Wochen nach. Anfangs hatte er nicht geglaubt, dass er so lange in der großen Stadt bleiben würde, doch die Begegnung mit der Zirkusgruppe hatte alles verändert. Statt von der Hektik der vollen Straßen überwältigt zu werden, hatte er das Stadtleben aus einer völlig anderen Perspektive kennengelernt; er hatte jongliert und gesungen und getanzt, anstatt die ganze Zeit zu versuchen, dem Trubel zu entkommen. Und auch der Bäckerlehrling hatte dazu beigetragen, dass er friedliche Momente in der Stadt erlebt hatte und nun nicht erleichtert war, endlich weg zu sein, sondern mit Freude zurückblicken konnte und viele schöne Erinnerungen davontrug. Er hatte wohl mal wieder Glück gehabt und zur richtigen Zeit die richtigen Leute getroffen – Leute, die Wege gefunden hatten, überall glücklich zu sein. Sie hatten ihm gezeigt, dass Musik und gelegentliches Nichtstun magische Schlüssel sein können, um die Ketten des schnellen Lebens aufzuschließen und die allgegenwärtige Hast mithilfe von Kunst und Leere zu besänftigen.

Nach und nach verwandelte sich die große Straße in einen ruhigen Pfad. Der kleine Buddha marschierte den ganzen Tag immer geradeaus nach Westen, er kam an weiten Feldern vorbei, zog durch hügelige Landschaften und überquerte zahlreiche Bäche. Er summte fröhliche Melodien und freute sich, wieder unterwegs zu sein.

Der Winter hatte mittlerweile begonnen und somit wurde es nicht nur früher dunkel, sondern sobald die Sonne untergegangen war, wurde es auch sehr schnell kalt. Zwar war der kleine Buddha es gewohnt, selbst im Winter draußen zu schlafen, trotzdem war er froh, als er eine verlassene Hütte entdeckte, in der er die Nacht verbringen konnte. Er meditierte noch ein bisschen und aß etwas von seinem Proviant, dann legte er sich hin und schlief wenig später ein.

Kurz nach Sonnenaufgang stand er wieder auf den Beinen und zog weiter. Es war derselbe Weg, auf dem er bei seiner ersten Reise in die Stadt gegangen war, nur, dass er jetzt in die andere Richtung ging. Er kam an einigen Bauernhöfen und an ein paar winzigen Dörfern vorbei und einmal steckte er inmitten einer Schafherde fest. Ansonsten verlief seine Reise relativ ereignislos. Am frühen Nachmittag machte er eine längere Pause und gönnte sich sogar ein kleines Nickerchen.

Als er wieder aufbrechen wollte, sah er eine Frau im mittleren Alter den Weg entlangkommen. Sie schleppte zwei große Taschen mit sich und kam nur langsam voran.

„Kann ich dir helfen?“, fragte der kleine Buddha.

Die Frau hielt an und stellte die Taschen einen Moment ab. Sie war stark abgemagert, hatte dunkle Ringe unter den Augen und wirkte sehr geschwächt. Gleichzeitig strahlte sie aber auch etwas Warmes und Herzliches aus.

„Danke, das wäre nett von dir", sagte sie.

Der kleine Buddha nahm eine ihrer Taschen und dann gingen sie gemeinsam weiter.

„Die ist aber schwer", stöhnte er. „Was ist denn da drin? Steine?"

„Nein", lachte die Frau. „Bienenwachs!"

„Und wofür brauchst du so viel davon?"

„Weil ich Kerzenmacherin bin. Aus dem Wachs forme ich Kerzen."

Der kleine Buddha war erstaunt, was es alles für Berufe gab. Aber klar, Kerzen wachsen nicht an Bäumen, irgendwer muss sie herstellen.

Eine Weile spazierten sie schweigend nebeneinander her und dabei schaute er sie immer wieder von der Seite aus an. Sie sah wirklich nicht sehr gesund aus.

„Geht es dir nicht gut?", fragte er mitfühlend.

Sie lächelte erst, dann schaute sie ihn traurig an.

„Nein, leider nicht. Ich habe eine schwere, unheilbare Krankheit."

„Und warum arbeitest du dann noch so hart?"

„Weil ich gerne arbeite und weil auch ein kranker Mensch irgendwie für seinen Lebensunterhalt aufkommen muss." Sie hielt einen Moment inne. „Außerdem hilft mir das Arbeiten, mit meiner Krankheit zu leben."

Der kleine Buddha warf ihr einen fragenden Blick zu.

„Früher dachte ich immer, dass die Zeit alle Wunden heilt. Aber das stimmt nicht – manche Wunden können nicht geheilt werden, sondern müssen als Teil des Ganzen akzeptiert werden. Und genau dabei hilft mir meine Arbeit: Wenn ich Kerzen mache, denke ich anders über meine Krankheit. Ich sehe nicht mehr nur das Schlechte, sondern kann auch die Tatsache genießen, dass ich immer noch atme. Noch ist der Tod nicht hier, noch bin ich am Leben."

„Aber du hast doch bestimmt auch Schmerzen. Stören sie dich nicht?"

„Doch, sie stören mich, sehr sogar!", lachte sie erneut.

Für eine schwer kranke Frau lachte sie verdammt viel, dachte der kleine Buddha.

„Die Schmerzen kann ich jedoch nicht ändern", fuhr sie fort. „Das einzige, was ich tun kann, ist, zu versuchen, weniger zu leiden. Denn wenn ich weniger leide, sind auch die Schmerzen erträglicher."

„Und wie soll das gehen? Die Schmerzen sind doch der Grund, warum du leidest."

„Auf der einen Seite hast du recht, aber ich könnte noch viel mehr leiden. Ich werde bald sterben, allein das wäre Grund genug, völlig niedergeschlagen im Bett zu bleiben. Und wenn ich mir die ganze Zeit wünschen würde, ich hätte keine Schmerzen, dann wäre mein Leid ebenfalls größer."

Der kleine Buddha wusste, was sie meinte. Wünsche verursachen in der Tat viel zu viel Leiden. Vor allem, wenn sie nicht erfüllt werden können.

„Es bringt nichts, permanent gegen meine Krankheit anzukämpfen", sagte sie mit gleichmütiger Stimme.

„Denn je mehr ich mich weigere, die Schmerzen zu akzeptieren, desto lauter schreien sie. Nein, sie werden nur leiser, wenn sie wissen, dass ich sie bereits gehört habe. Und mit dem nahenden Tod ist es ähnlich: Nur wenn ich ihn akzeptiere, macht er mir keine Angst mehr."

„Eigentlich ist es mit vielem so", stellte der kleine Buddha fest. „Mit den Schmerzen und dem Tod, aber auch mit dem Altwerden, den Abschieden und dem Alleinsein."

„Ja, es sind alles Dinge, die wehtun und die wir deswegen am liebsten nicht erleben würden. Doch all diese Dinge gehören zum Leben dazu, wir können sie nicht einfach wegzaubern. Die einzige Wahl, die wir haben, ist, wie wir mit dieser Realität umgehen. Gegen sie ankämpfen oder sich mit ihr abfinden? Noch mehr leiden oder das Leben akzeptieren, wie es ist. Seine ganze Herrlichkeit, aber eben auch die nicht so schönen Seiten."

Das mit der Akzeptanz war manchmal einfacher gesagt, als getan, dachte der kleine Buddha. Aber letztten Endes konnte er der Frau nur zustimmen. Alle Menschen werden alt und auch krank, alle müssen Abschiede ertragen und durchleben einsame Zeiten, und alle werden irgendwann sterben. Egal, wie schwer es fällt, die nötige Demut und Gelassenheit aufzubringen, um diese Realität anzunehmen – es gibt keine andere Möglichkeit. Denn es ist sinnlos, sich gegen etwas zu wehren, was nicht besiegt werden kann.

Sie gingen noch eine ganze Weile den Weg entlang und dabei erzählte der kleine Buddha der Kerzenmacherin ausführlich von seiner Reise. Schließlich erreichten sie ihr Haus.

„Willst du mit reinkommen und meine Kerzenwerkstatt sehen?“

„Ja, gerne!“

Die Frau öffnete die Tür und führte ihn zum hinteren Teil des Hauses. Als sie in der Werkstatt angekommen waren, stellten sie die schweren Taschen ab und während die Kerzenmacherin mit einem Lächeln in der Küche verschwand, um einen Tee zu machen, schaute sich der kleine Buddha neugierig um.

In einem flachen Regal direkt neben ihm lagen einige dicke Dochtrollen und ein ganzer Haufen Gussformen. Auf dem Boden standen diverse Töpfe und in einer Ecke des Raumes befand sich eine Feuerstelle. Der kleine Buddha ließ seinen Blick umherwandern, bis er den großen Tisch sah, der unter dem einzigen Fenster stand. Sofort riss er begeistert die Augen auf: Da waren sie, die Kerzen der Kerzenmacherin! Es gab große und kleine, dicke und dünne, lange und kurze; gelbe, grüne, rote und sogar schwarze. Er ging näher ran und nahm einige in die Hand, ließ sie durch seine Finger gleiten und roch ihre himmlischen Düfte. Kein Wunder, dachte er, dass die Frau gerne arbeitet, wenn solch fabelhafte Produkte dabei entstehen.

Kurz darauf kam die Kerzenmacherin mit zwei Tassen und einem dampfenden Pott zurück. Sie zog zwei Hocker unter dem Tisch hervor und beide setzten sich hin. Nach der Schlepperei hatten sie sich eine Pause redlich verdient und somit ruhten sie sich ein bisschen aus und tranken in Stille ihren Tee.

Der kleine Buddha dachte darüber nach, wie außergewöhnlich es war, dass die Kerzenmacherin so viel Zufriedenheit ausstrahlte, obwohl sie schwer krank war und nicht mehr lange zu leben hatte.

„Wie ist es für dich, zu wissen, dass du bald sterben wirst?"

Die Frau überlegte etwas länger.

„Manchmal macht es mich natürlich traurig", sagte sie schließlich. „Aber dadurch, dass ich ganz genau weiß, dass meine Zeit stark begrenzt ist, hat sie für mich viel an Bedeutung gewonnen. Jeder Moment, den ich erlebe, ist auf einmal unglaublich wertvoll für mich." Sie hielt inne und nahm einen weiteren Schluck von ihrem Tee, bevor sie fortfuhr. „Als ich herausgefunden hatte, dass ich eine unheilbare Krankheit habe, war ich durch den Schock der schlechten Nachricht wie gelähmt. Ich konnte und wollte nicht glauben, dass mein Ende bereits so nah ist. Doch nach und nach habe ich mich mit meinem Schicksal abgefunden. Und da mir immer mehr bewusst wurde, dass meine Tage gezählt sind, habe ich irgendwann einfach aufgehört, sie zu zählen. Ich habe angefangen, nicht mehr mit Angst auf die schwindende Zukunft zu gucken, sondern mit Liebe auf das, was mir bleibt: die Gegenwart."

Der kleine Buddha sah sie mit Bewunderung an. Sie hatte es geschafft, sich von den Fesseln der Zeit zu befreien! Doch ihre weisen Worte ließen ihn auch tief grübeln – ist es wirklich notwendig, zu leiden, um die Kostbarkeit der Gegenwart zu verstehen?

„Ich frage mich, wie jemand das, was du gelernt hast, auch ohne Krankheit lernen kann. Denn auch für junge und gesunde Menschen rückt das Ende täglich näher und dadurch nimmt das unbehagliche Gefühl zu, nicht mehr genug Zeit zu haben."

„Leiden hilft tatsächlich ungemein", lachte die Kerzenmacherin. Dann ein kurzes Schweigen. „Aber vielleicht wäre es auch gut, die Zeit mal von einer anderen Perspektive aus zu betrachten."

„Aus einer anderen Perspektive?", rätselte der kleine Buddha.

Sie nahm eine lange Kerze vom Tisch und hielt sie waagerecht vor ihm hoch.

„Stell dir vor, diese Kerze ist die Zeit. Alles, was in deinem Leben passiert, passiert in dieser Kerze."

Der kleine Buddha nickte zögerlich.

„Damit wir uns alles besser vorstellen können, haben wir Menschen die Zeit in drei Teile eingeteilt."

Sie zeigte auf den Anfang, die Mitte und das Ende der Kerze.

„Vergangenheit, Gegenwart und Zukunft. Du befindest dich in der Mitte, der Anfang liegt schon hinter dir und das Ende noch vor dir. Und weil sich im Laufe des

Lebens die Gegenwart immer weiter zum Ende hin verschiebt, siehst du in deiner Lebenszeit immer mehr Vergangenheit und immer weniger Zukunft."

Wieder nickte der kleine Buddha. Dann drehte die Frau die Kerze auf einmal um, so, dass er nur den dünnen Querschnitt sah.

„Und jetzt?", fragte sie.

Er starrte ahnungslos zurück.

„Jetzt siehst du alles gleichzeitig. Vergangenheit, Gegenwart und Zukunft sind nicht mehr zu unterscheiden – alles ist eins."

Sie guckte ihm einen langen Moment in die Augen.

Stille.

„Eine schöne Perspektive", sagte der kleine Buddha schließlich.

„Ja, nicht wahr?"

Beide lächelten. Die Frau erhob sich, steckte die Kerze in einen Halter, zündete sie an und stellte sie zwischen die beiden Hocker auf den Boden.

„Deine Kerze ist noch recht neu", sagte sie mit leiser Stimme, „du befindest dich mitten auf der Reise. Meine hingegen ist fast abgebrannt."

Ein Hauch von Traurigkeit wich über ihr Gesicht. Doch kurz darauf begannen ihre Augen, im Kerzenschein zu funkeln.

„Aber weißt du was? Eine fast abgebrannte Kerze kann genau so viel Licht geben, wie eine neue. Und deswegen möchte ich meine verbleibende Zeit nutzen, um genau das zu tun: Ich möchte Licht spenden. Ich möchte das Gefühl haben, dass ich mit meiner Zeit etwas Nützliches tue. Dass ich dem Leben etwas zurückgebe."

Plötzlich sah die kranke Kerzenmacherin gar nicht mehr krank aus. Vielleicht lag es an dem warmen Kerzenschein, dachte der kleine Buddha. Aber nein, es war etwas anderes. Es war eine gesunde Kraft, die direkt aus ihrem Inneren kam. Sie war glücklich, denn sie tat genau das, was sie tun wollte: Sie schenkte dem Leben Licht in Form von tausenden Kerzen!

Der weiche Stein

Einen Tag später befand sich der kleine Buddha auf den letzten Metern seiner Reise. Er war noch etwas länger bei der Kerzenmacherin geblieben und hatte bis tief in die Nacht selbst einige Kerzen gemacht. Es war viel einfacher gewesen, als er gedacht hatte – mit ein wenig Geduld hatte er es geschafft, fünf Prachtexemplare anzufertigen, die er nun in seiner Tasche nach Hause trug.

Nachdem er sich am Morgen von der Frau verabschiedet hatte, war er fast den ganzen Tag unterwegs gewesen. Erst war er an weiten Wiesen vorbeispaziert, dann hatte er einen kleinen Wald durchquert und schließlich hatte er die Kreuzung erreicht, die er bereits bestens kannte und von der aus es nur noch ein kurzes Stück zu seinem Ziel war.

Schon aus der Ferne konnte er seinen großen alten Bodhi-Baum sehen. Sein Herz begann, vor Aufregung schneller zu schlagen und er genoss die letzten Schritte genau so, wie er auch immer die ersten Schritte einer Reise genoss. Denn nicht nur in jedem Anfang, sondern auch in jedem Ende steckt ein ganz besonderer Zauber, der mit nichts anderem zu vergleichen ist. Zwar kann ein Ende traurig sein, genau wie ein neuer Anfang Angst verursachen kann, aber selten fühlt sich das Leben intensiver an, als in den Momenten des Losgehens und des Ankommens.

Der Weg machte einen letzten Bogen, dann hatte er es geschafft: Der kleine Buddha war wieder zu Hause! Allerdings sah zu seiner Überraschung alles anders aus, als er es zurückgelassen hatte. Der Baum stand noch am selben Fleck, aber ein großer Ast war abgebrochen und genau auf dem flachen Stein gelandet, auf dem er immer meditierte. Außerdem war der ganze Boden mit dichtem Gestrüpp überwachsen und überall lagen trockene Zweige und Blätter. Die Zeit hatte auch hier ihre Spuren hinterlassen.

Er stellte seine Tasche ab und fing an, alles wieder herzurichten. Zuerst zerrte er den großen Ast vom Stein und schleppte ihn zu einer nahegelegenen Böschung, dann beseitigte er das Gestrüpp und fegte mit einigen Zweigen alle Blätter weg. Anschließend machte er sich daran, sorgfältig das Unkraut zu entfernen, das um den Stein herum gewachsen war.

Während er auf der Erde kniete und rupfte, ließ er seine Gedanken noch einmal zu seiner gerade beendeten Reise wandern. Er dachte an die weisen Bäume und den atmenden Vulkan, an das hektische Dorf und die überfüllte Stadt; an den See, der früh morgens immer von dichtem Nebel bedeckt war, an die langen Tage auf endlosen Pfaden und an die kalten Nächte in verlassenen Hütten. Er hatte Gold gefunden, hatte das köstlichste Brot gegessen und das erste Mal in seinem Leben Schnee berührt! Und dann noch all die Menschen, denen er begegnet war: der humpelnde Förster, der frustrierte Lehrer und die vergessliche Buchhalterin; die träumende Malerin, der gierige Goldgräber und der trödelnde Eishändler. Die Zirkusleute, die mittlerweile alte Freunde waren, die hundertjährige Tänzerin, der faule Bäckerlehrling und zum Schluss die kranke Kerzenmacherin. Sie alle waren untrennbar mit seiner Reise verbunden und dadurch ein Teil seiner Lebensgeschichte geworden.

Er erinnerte sich an das Gespräch mit dem Gärtner, als er ihm gesagt hatte, dass er die Zeit erkunden möchte und herausfinden will, ob es eine Möglichkeit gibt, sie zu verlangsamen. Hatte er eine Antwort gefunden? Ließ sich die Hast, unter der so viele Menschen leiden, irgendwie abschalten?

So viel stand fest: Einen versteckten Knopf oder einen Zauberspruch, um das Leben zu entschleunigen, hatte er nicht entdeckt. Aber was er sehr wohl herausgefunden hatte, war, dass er die Art und Weise, wie er seine Zeit verbringt, beeinflussen kann. In fast jeder Situation kann er wählen, ob er schnell oder langsam leben möchte. Hetzen oder trödeln, stets rasen oder auch mal zur Ruhe kommen?

Nein, die Hast lässt sich nicht auslöschen, auch sie ist ein Teil des Lebens. Die Gefahr ist jedoch, dass sie zur Gewohnheit wird. Dass sich die Hast im Inneren immer weiter ausbreitet und es kaum noch Momente gibt, die mit friedlicher Leere gefüllt sind. Denn wenn das ganze Leben immer öfter in hohem Tempo gelebt wird, ist es nicht verwunderlich, dass das eigene Zeitempfinden auch immer schneller wird. Folglich macht es einen großen Unterschied, ab und zu ganz bewusst mit langsamen Schritten durchs Leben zu gehen.

Und überhaupt: Die ständige Herausforderung ist es, die begrenzte Zeit weise zu nutzen. Sich zuallererst darüber im Klaren zu sein, dass verlorene Zeit nicht ersetzbar ist. Der kleine Buddha dachte an die vielen Läden in der Stadt, wo es wirklich alles, was er sich vorstellen konnte, zu kaufen gab. Einen Zeitladen hatte er jedoch noch nie gesehen. Und da ein solcher Laden wahrscheinlich auch nirgendwo anders existierte, war jeder Moment des Lebens ein einzigartiges, unbezahlbares Geschenk. Was ist also das Sinnvollste, was jemand mit diesem kostbaren Geschenk tun kann?

Für die meisten Menschen ist die Arbeit ein unvermeidbarer und oft zeitraubender Bestandteil des Lebens. Arbeit macht nicht immer Spaß, das wusste auch der kleine Buddha, aber sie muss auch keine ständige Qual sein. Er kannte genügend Leute, denen ihre Arbeit viel Freude bereitet: nicht nur der Malerin und den Zirkusleuten, sondern auch dem Förster, der Kerzenmacherin und natürlich dem Gärtner. Sie alle hatten einen Beruf gefunden, den sie gerne ausüben und bei dem sie nicht das Gefühl haben, dass sie wertvolle Zeit verlieren. Andere müssen sich erst noch auf die Suche nach so einem Beruf machen.

Doch egal, wie viel und wie gerne jemand arbeitet, es bleibt noch genügend andere Zeit, die weise genutzt oder verschwendet werden kann. Was genau weise bedeutet, das muss letzten Endes jeder selbst herausfinden. Für den kleinen Buddha waren es Dinge, die sein Herz berühren und seine Neugierde entfachen: anderen Menschen helfen und seine Zeit mit ihnen teilen, lieben, lächeln, lernen und staunen. Und einfach in Stille sitzen, das fühlte sich für ihn ebenfalls wie weise verbrachte Zeit an.

Er zog eine letzte Wurzel aus dem Boden, stand auf und betrachtete den befreiten Stein. Wenn es um stilles Sitzen geht, dachte er, dann ist so ein Stein ein wahrer Meister – schließlich macht er Tag und Nacht nichts anderes. Und wie jeder andere wahre Meister lud auch der Stein seinen Schüler immer wieder ein, es ihm gleichzutun.

Der kleine Buddha nahm auf der flachen Oberfläche Platz, kreuzte die Beine und schloss die Augen. Er begann, ruhig zu atmen und dabei stieg ein warmes Gefühl von Geborgenheit in ihm auf. Genau hier war sein Zuhause, auf diesem einfachen Stein. Sein Atem wurde immer gleichmäßiger und er beobachtete, wie sich jede Zelle seines Körpers entspannte. Und während er in tiefer Stille dasaß, fiel ihm auf, dass sich der Untergrund gar nicht hart anfühlte. Es war, als hätten die vielen Jahre des gemeinsamen Sitzens den Stein weich werden lassen. Ein Lächeln breitete sich auf seinem Gesicht aus. Er dachte und fühlte es oft und doch nicht oft genug: Das Leben, es ist wundervoll!

Nach einer Weile öffnete er die Augen und starrte auf die letzten Sonnenstrahlen, die langsam am Horizont verschwanden. Es gab nur eine Frage, die auf seiner Reise unbeantwortet geblieben war: Was ist Zeit?

Ist es eine gerade Linie, bestehend aus Vergangenheit, Gegenwart und Zukunft? Oder ein runder Punkt, in dem alles eins ist? Hat die Zeit wirklich einen Anfang und ein Ende? Oder ist sie dafür da, dass nicht alles gleichzeitig passiert? Der kleine Buddha wusste es nicht. Vielleicht ist die Zeit eine Art Pinsel, dachte er. Der Pinsel des Lebens, der unaufhörlich malt und dadurch für konstanten Wandel sorgt. Oder was ist, wenn sich jemand alles nur ausgedacht hat und die Zeit in Wirklichkeit gar nicht existiert?

Ein kühler Wind wehte ihm übers Gesicht und dann hatte er auf einmal eine Idee, wie er das Rätsel lösen konnte. Alles, was er tun musste, war, so oft wie möglich die Gegenwart zu finden. Singen, tanzen und malen, spazieren, reisen, lachen, in Flammen starren und Sonnenuntergänge bewundern, meditieren oder auch einfach bewusst nichts tun. Mit allen Sinnen den jeweiligen Moment erleben und tief ins Jetzt eintauchen! Denn jedes Mal, wenn der kleine Buddha es schaffte, in der Gegenwart zu sein, geschah etwas Außergewöhnliches. Auf einmal fragte er sich nicht mehr, ob Zeit existiert oder was sie ist, warum sie so schnell vergeht und warum sie begrenzt ist. Alle diese Fragen waren nicht mehr wichtig, wenn er sich voll und ganz im Hier und Jetzt befand.

Und genau dort lag die Antwort: In der Gegenwart ist die Zeit bedeutungslos!